JN409334

두루미를 날려 보내며

두루미를 날려 보내며

양희용(일쇺) 수필집

수필과비평사

| 작가의 말 |

'하늘을 보면 우주가 보인다' 언젠가 과학전람회에 갔을 때 보았던 문구입니다. 우리는 우주가 어떻게 생겼는지 정확하게 알지도 못하고 갈 수도 없습니다. 하지만 문학과 상상이 만나면 우주를 그릴 수 있고 우주인과 대화도 나눌 수 있습니다. 그런 재미에 흠뻑 빠져 매일 하늘을 향해 상상의 나래를 한껏 펼쳐봅니다.

수필은 소주와 함께 제가 사랑하는 첩妾입니다. 오랜만에 만나는 친구들과 소주잔을 주고받으며 "요즘, 뭐해?"라고 물으면 "나, 수필가야."라고 답합니다. 비록 수필로 받는 연봉이 몇십만 원에 불과하지만, 수필가라는 직업이 자랑스럽기도 하고 진정한 수필가가 되기 위해 의식적으로 그렇게 말합니다.

한 문장, 한 단어라도 약자를 위한 글, 힘없이 쓰러져 가는 서민과 음지에 사는 우리 이웃과 작고 버려져 있는 것을 따뜻하게 보듬어 주는 글을 쓰도록 노력하겠습니다. 누군가에게 삶의 의미를 부여할 수 있는 수필을 쓰는 게 저의 소박한 바람입니다.

저는 운이 좋은 편에 속합니다. 수필이 뭔지도 모르고 입문했습니다만, 평생교육원에서 훌륭한 스승과 멋진 문우들을 만나 문학이라는 새로운 세상에 정착할 수 있었고 여생을 바쁘게 보낼 수 있는 일거리도 만들었습니다. 이제 한 손에 행운을, 다른 손에는 수필의 끈을 움켜잡고 마지막까지 열심히 달려가겠습니다.

수필을 쓸 수 있어 참 행복합니다.

2022년 춘삼월

양희용(일섶)

| 차례 |

제 2 부
정다운 대화

제 3 부
소박한 대접

제 4 부
기억의 토막

제5 부

희망의 약속

제1 부

반가운 마음

산문시

시계

우리 집에 다섯 개의 시계가 있다. 안방과 주방, 거실과 욕실에 하나씩 있고, 서랍장에는 손목시계가 잠자고 있다. 살아 움직이는 시계 중 세계표준시에 맞게 가는 놈은 하나도 없다. 안방 시계는 10분, 나머지는 5분 빨리 가면서 서두르라고 재촉한다. 가끔 약이 다된 시계는 엄마 심부름으로 옆집에 돈을 빌리러 가는 아이처럼 투정을 부리며 느릿느릿 움직인다. 늦거나 멈춘 게 있어야 정상으로 가는 시계의 고마움을 안다. 세상을 움직이는 시계도 약이 떨어져서 좀 천천히 가거나 한 번쯤 정지했으면 좋겠다. 시계가 쉬면 우리는 가쁜 호흡을 가다듬으며 주변을 돌아볼 수 있다.

핸들

핸들을 잡으면 햇살에 반짝거리는 강을 따라 달리던 장면이 눈앞에 아른거린다. 자잘한 섬들이 뒤꿈치를 들고 손짓하는 모습도 보인다. 밥을 먹고 나왔는데 차창 밖 음식점에서 시래기된장국, 다슬기 수제비, 멍게비빔밥, 어탕국수 냄새가 풍겨오는 것 같아 침이 꼴깍 넘어간다. 인심 좋은 시골 민박집 아저씨와 아주머니는 잘 계시는지 궁금하다. 젊음을 함께했던 친구들은 외딴섬에 먼저 가 즐기고 있는지 그 흔한 카톡도 없다. 너와 나, 우리가 산과 바다를 작은 소주잔에 담아 한입에 털어 넣었던 그 날이 언제였던가. 기억도 수명이 다 된 형광등처럼 깜박거린다. 마음은 옛길을 더듬어 가는데 고집스러운 핸들은 왜 자꾸 가던 길로만 방향을 잡는지 모르겠다.

슬리퍼

정장을 입은 신사가 구두를 신고 간다. 추리닝을 입은 백수는 슬리퍼를 끌고 간다. 같은 신발이지만 구두는 발의 일부분이 되어 함께 움직이고 슬리퍼는 발에서 떨어지지 않기 위해 할딱거리며 질질 딸려 간다. 슬리퍼는 실내에 침입한 파리나 벌, 바퀴벌레 같은 생물체를 때려잡는 퇴치기 역할도 한다. 비록 슬리퍼가 태생적으로 미천할지라도 판검사를 꿈꾸는 고시생에게는 외출용 자가용이고, 아파트 입주를 꿈꾸는 산동네 아주머니에게는 유리 구두와 같은 희망이다.

슬리퍼는 막 신기에 편해서 좋다. 편리성이 떨어지면 일말의 동정심도 없이 버린다. 한때 막역지우莫逆之友라며 죽을 만큼 좋아했던 친구들은 소식불통이다. 우리는 왜 편하고 좋을 때만 친구라고 말하는지 모르겠다.

슬리퍼는 한여름 피서철이 지나면 백사장이나 강가에 한쪽만 남겨지기도 한다. 어느 쪽이 남든 먼저 떠난 짝을 그리는 외로운 연인이다.

녹즙기

아침에 일어나면 거실 소파에 누워 TV를 본다. 녹즙기 돌아가는 소리가 들리면 벌떡 일어나 주방으로 달려간다. 못난 남편을 위해 밀감과 사과를 함께 갈아 주스를 만들어주는 아내 옆에서 아양이라도 떨어야 한다. "이야, 새콤달콤한 게 시원하고 맛있네. 고마워요." 라고 말하면 아내는 빙긋이 웃는다.

아내의 수고와 정성도 있지만 간단하고 편리하게 과즙을 만들어주는 녹즙기 덕분이다. 믹서기는 뭐든지 뒤섞어 혼합하여 가루를 내면 임무가 끝난다. 녹즙기는 들어온 재료를 분쇄하여 과육과 과즙을 분리해서 따로 배출한다. 어떤 재료가 들어오든 필요와 불필요를 구분해 줄 것 같다. 나의 머릿속 생각을 녹즙기에 넣으면 쓸데없는 잡념을 추출해 줄지도 모르겠다. 사회 지도층 인사들의 마음속에 녹즙기가 한 대씩 들어있으면 국민이 원하는 언행만 할 수 있지 않을까.

6905

나는 울산의 큰 공장에서 태어나 보관소에 며칠 머물다가 부산으로 팔려왔다. 새 주인은 나에게 '6905'라는 명찰을 붙여주었고, 내 머리말에 막걸리와 명태를 차려놓고 무사고 고사를 지냈다. 이제 곧 열다섯 번째 생일이 다가온다.

주인을 따라 거문도, 흑산도와 같은 섬을 비롯하여 최전방 철책에서 땅끝마을까지 전국을 장돌뱅이처럼 돌아다녔다. 무리하게 몸을 쓰다가 탈이 나 병원에도 몇 번 갔었다. 그래도 섬에 갈 때, 커다란 유람선을 타고 드넓은 바다를 바라보는 기분은 무어라 표현할 수 없을 만큼 황홀했다. 그때가 내 인생의 최고 황금기였다.

지금 주인은 코로나 때문인지 나이 때문인지 모르겠지만 집콕만 하고, 나는 주차장만 지키고 있다. 열흘 넘게 철재 구조물처럼 꿈작 않고 있으면 다른 친구들이 애처롭게 바라보는 것 같아 마음이 편치만은 않다. 잠도 자지 않고 밤새 달리던 시간, 힘들고 고통스러웠던 시간이 그립다.

주인이 세상을 떠날 때까지 내가 남아 있을지, 내가 먼저 폐차장으로 갈지 모르겠다. 언젠가 나의 이름표 '6905'가 찌그러지면서 몸뚱이는 고철로 분해될 것이다. 아무리 화려했던 삶도 그 끝은 허무하다. 마지막으로 주인과 함께 유람선을 타고 섬으로 가서 바닷바람이라도 한번 쐬었으면 좋겠다.

1/N

알파벳 'N'의 전성시대다. 영어 약자 N은 품사 중에서 명사를, 원소기호에서 질소를, 의학 관련 용어에서 신경을, 자동차 기어에서 중립을, 방위표시에서 북쪽을, 설문지 'Y/N'에서 'No'를 나타내는 의미로 사용된다.

N이 우리에게 익숙하게 느껴지는 이유는 수학 시간의 힘들었던 추억 때문인지도 모르겠다. ∫ Σ √ lim log를 사용한 방정식과 함수에 부정不定정수 'n'이 따라다녔다. 부정 정수는 정해진 숫자 없이 환경에 따라 값이 변하는 수를 말한다. 최근에 많이 사용하는 용어 중 n수생, n포세대, 코로나19 n차 감염, 성범죄사건 텔레그램 n번방 등에 나오는 n도 같은 의미이다.

직장인들에게 N은 더욱 친숙한 용어다. 동료들과 식사나 술좌석을 끝낸 후, 비용을 각자 분담하는 '1/N' 방식을 자주 선택한다. 여기서 사용하는 N도 부정정수로, 세 명이면 1/3, 일곱 명이면 1/7로 계산한다. 요즘은 1/N을 쉽게 계산하는 앱까지 개발되어 분담금을 빠르고 정확하게 계산할 수 있다.

1/N이란 말은 영어 'Dutch pay'에서 유래되었다고 한다. 'Dutch'는 네덜란드를 뜻한다. 여러 국적의 사람이 모여 함께 식사하는 자리에서 네덜란드인이 자기 밥값만 계산하는 것을 보고, 네덜란드인은 인색한 사람이라고 조롱하는 표현으로 사용되었다. 그 후 각자 비용을 부담하는 계산방식의 의미로 변형되었고, 1/N이란 용어가 만들어졌다. 지금도 일부 호사가들은 1/N을 좀스러운 방식이라고 비아냥거린다.

35년이 훨씬 지났다. 사회생활을 시작하면서 직장 선배들과 함께 시장통에 있는 횟집에 자주 갔다. 술좌석이 파한 후 아무도 계산을 하지 않은 채 그냥 헤어졌다. 누군가 먼저 계산했을 거라고만 생각했다. 며칠 후, 다른 선배들과 갔을 때도 마찬가지였다. 그 의문점은 월급날 해결되었다. 주인아주머니는 우리가 갈 때마다 참석자의 이름과 술값을 장부에 적어두었다. 월급날이 되면 각자 부담해야 할 금액을 나누고 합한 개인 외상장부를 만들어 청구하는 방식이었다. 처음 경험한 1/N이었지만 효율적이고 합리적인 방법이라고 생각했다.

1/N을 잘하는 친구가 있다. 그와 포장집에서 만나면 안주 두 접시에 소주 서너 병을 마신다. 술값은 4만 원 안팎이다. 그는 술좌석이 끝날 때쯤 2만 원을 나에게 주면서 같이 계산하라고 한다. 처음에는 약간 기분이 나빴지만, 며칠이 지나면 그 친구랑 또 만나고 싶은 생

각이 들었다. 지금은 내가 먼저 2만 원을 주기도 한다. 이제 술좌석이 끝날 때쯤, 누가 먼저랄 것도 없이 테이블 위에 2만 원씩 올려놓는다. 그는 누구보다 쉽고 편하게 만날 수 있는 친구다.

사는 형편이 비슷한 친구들끼리 밥값이나 술값을 혼자만 계속 계산하다 보면 관계는 점점 소원해진다. 한 번 얻어먹었으면 다음에 사든지, 아니면 1/N로 계산하는 습관을 들인다면 언제든지 부담 없이 만날 수 있다. 몇 천 원, 몇 만 원을 나눈다는 게 졸렬하게 보일 수도 있으나 친구의 얼굴을 자주 보고 즐겁게 지내려면 더이상 좋은 방법은 없다. 가까울수록 금전 관계는 명확해야 한다는 말도 있지 않은가.

어릴 때, 음식 문제로 형제들 간에 가끔 다툰 적이 있다. 어머니가 자식 세 명을 위해 찹쌀떡 세 개를 사 왔다. 1/N로 나누어 하나씩 먹으면 공평하다. 장남이라고 두 개를 먹고, 나머지 하나를 동생 둘이 나눠 먹으라고 하는 것은 1/N의 법칙에 맞지 않는다. 원칙이 어긋나면 누군가의 가슴에 나쁜 감정이 쌓인다.

1/N은 똑같이 나누어 모두가 평등하게 계산하는 방식이다. 한 사람이라도 계산에서 빠지거나 더 많이 가져간다면 다른 사람의 부담과 불만이 커진다. 직장이나 가정에서도 각자의 능력에 맞게 업무를 나누고, 자신이 맡은 일에 최선을 다한다면 서로를 믿고 신뢰하는 분위기를 만들 수 있다. 자신의 소임을 다하는 작은 힘이 모이고 모이면 건강한 사회가 완성되지 않을까 생각해 본다.

각자의 몫을 나누는 1/N을 모두 합치면 N/N, 즉 '1'이 된다. 결국, 1/N은 전체를 하나로 만들기 위한 나눔이다.

바보들의 세상

어릴 적 '바보'라는 소리를 가끔 들었다. 친구들이 바보라고 놀리면 화를 내며 싸웠다. 형들과 누나가 "추꾸야."라고 빈정대면 설움에 겨워 눈물을 찔끔거렸다. 잠자리에 들어서 '나는 왜 멍청할까? 정말 바보인지도 모른다.'는 생각을 하면서 밤새 뒤척거린 적도 있다.

바보는 지능이 부족하여 정상적으로 판단하지 못하는 사람을 낮잡아 이르는 말이다. 게다가 어리석은 언행을 하는 사람을 비난할 때도 사용한다. 맹꽁이 반편이 백치 숙맥 얼뜨기 천치 팔불출 화상 등의 유의어가 상당하고, 빼꾸 얼가이 추꾸 춘핑이 등과 같은 방언도 꽤 많다. '바보'의 어원은 '밥+보'에서 'ㅂ'이 탈락한 형태다. 밥만 먹고 하릴없이 노는 사람, 밥만 축내는 사람을 빗대어 생겨난 말이다.

경남 방언 중에 멍청이란 뜻의 '히수'라는 단어가 있다. 고교 시절, 자신을 히수라고 불러 달라는 영어 선생님이 있었다. 그는 수업시간마다 노트 한 페이지 분량의 영어 문법과 기본 문장을 외우라는 숙제를 내주었다. 다음 수업 때, 질문에 제대로 답하지 못하면 몽둥이로 몇 대 맞고 그가 퇴근할 때까지 복도에 무릎을 꿇고 있어야 했다. 게다가 일주일에 세 번 이상 걸린 학생은 토요일 오후 6시까지 교실에 남아 그와 함께 공부하는 고통을 겪었다. 우리는 그를 '또라이'라 부르며 키득거렸다.

군을 제대하고 복학하면서 취업 준비를 시작했다. 영어와 전공이 필수다. 영어책을 볼 때마다 이름도 기억나지 않는 히수 선생의 얼굴이 자꾸 떠올랐다. 그때 왜 영어를 스파르타식으로 독하게 시켰는지 비로소 이해가 되었고, 체벌을 떠나 참 고마운 선생님이라는 생각이 들었다. 영어를 잘하지는 못했으나 취업을 준비하는데 특별한 어려움은 없었다. 동창 모임에서 히수 선생이 창원에서 건강하게 잘 지내신다는 말을 들었다. 보고 싶기는 하지만 또 무슨 숙제를 내줄지 몰라 찾아가고 싶지는 않았다.

군대 생활에 잘 적응하지 못하는 병사를 '고문관'이라 부른다. 미군정 당시 한반도로 파견 나온 미군 고문관들이 한국말을 잘 하지도 듣지도 못해 매우 어수룩하게 생활했다는 이야기에서 유래되었다. 군대 생활을 편하게 하려면 사격이나 달리기, 작업을 잘하든지 눈치코치가 빨라야 한다. 축구와 오락은 덤이다. 모든 훈련을 잘하는 병사에게는 군대 체질이라며 '말뚝 박아라'는 말을 한다. 그중 하나라도 잘하면 괜찮은데, 전부 다 못하면 고문관 소리를 듣는다.

서울에서 대학을 졸업하고 나보다 나이가 많은 후임이 왔다. 박 일병은 키도 크고 인물도 좋은데 고문관 소리를 들었다. 자기 딴에 열심히 한다고 하지만 좌향좌, 우향우를 반대로 하는 경우가 많았고, 총기 관리도 소홀하고, 비상시에 준비도 늦고, 완전군장 구보를 하면 항상 낙오하거나 뒤처졌다. 부대원 모두가 단체 기합이나 책임을 면하기 위해 박 일병에게 신경을 많이 썼다. 수시로 얼차려를 주고 달래기도 했지만, 그는 "죄송합니다. 시정하겠습니다."라고 말하면 끝이었다.

십여 년 전 서울에 사는 군대 동기를 광안리에서 우연히 만났다. 박 일병이 손가락 안에 꼽히는 대기업에서 간부를 맡고 있다는 이야기를 들었다. 아무리 바보 취급을 받는 사람도 나름 잘하는 일이 있고 적성에 맞으면 누구보다 훌륭하게 업무를 처리할 능력이 있다는 걸 알았다. 소질이나 체질에 맞지 않는 일을 시켜 놓고, 마음에 들지 않는다고 바보라 놀리며 손가락질해서는 안 된다. 바보라고 말하는 그 사람이 결국 바보다.

교직 생활하면서 업무가 많거나 밀리면 야근을 자청했다. 휴일에도 혼자 출근하여 근무하는 경우가 종종 있었다. 야근이나 휴일수당이 없었고 누가 시켜서도 아니었다. 관리자로 승진하고 싶은 마음도 없었다. 일이 밀려 심적 부담이 커지면 학생들을 가르치고 지도하는 일에 소홀해진다. 업무 걱정으로 생기는 스트레스를 빨리 제거하여 항상 즐겁고 여유롭게 직장생활을 하고 싶은 소신 때문이었다.

친구나 동료들이 "양 선생, 바보 아니야?"라고 말하면 그냥 빙긋이 웃어넘겼다. 굳이 나의 입장을 설명하고 싶지 않았다. 퇴직 후, 3

년 동안 일반 직장생활을 하면서 지각과 결근을 한 번도 하지 않았다. 바보가 죽으나 사나 주어진 일만 하듯이 맡은 일을 열심히 하다 보면 재미는 물론 자부심도 느낀다. 지금도 적성에 맞는 직장이 있으면 열심히 일하고 싶지만 이제 늙은 바보를 원하는 곳은 없다.

바보는 시대에 따라 다양하게 해석된다. 우리나라 바보의 대명사로 불리는 고구려 시대의 '온달' 이야기는 하층민도 특권층이 될 수 있다는 희망을 준다. 톨스토이가 민간동화를 재구성한 작품, 『바보 이반』은 형제들을 위하고 농사일만 열심히 하는 '이반'이 나라를 세워 평화롭게 산다는 이야기다. 소설가 최인호는 1970년대 젊은이들이 겪는 좌절과 불안, 상실감과 비애를 『바보들의 행진』이라고 풍자했다.

요즘 자신의 가족을 사랑하는 사람을 '바보'라 부른다. 바보가 될 정도로 딸을 너무나 사랑하는 엄마나 아빠를 '딸바보'라 하고, 같은 의미로 손자바보, 손녀바보, 아들바보, 아내바보라는 말도 자주 사용한다. 이것저것 따지지 않고 바보처럼 무조건 좋아한다는 의미에서 생겨난 용어들이다.

"벼는 익을수록 고개를 숙인다."는 속담이 있다. 교양이 있고 수양을 쌓은 사람일수록 더욱 겸손해야 한다는 말이다. 너무 겸손해서 바보라 불리는 유명인들이 있다. 한국의 슈바이처라 부르는 장기려 박사를 사람들은 '바보 의사'라 부른다. 김수환 추기경은 자신의 자화상에 '바보야'라고 서명했다. 노무현 전 대통령의 별명도 '바보 노무현'이다. 바보의 원래 의미는 퇴색하고 우직하고 선량한 사람임을 간접적으로 묘사하거나 특정 인물에 대한 친애의 표현으로 사용하는 경우가 많아지고 있다.

자신의 사리사욕보다 지구의 미래와 환경을 걱정하는 바보, 나라를 먼저 생각하는 바보, 국민만을 바라보는 바보들이 TV에 자주 나오고 쉽게 만날 수 있으면 좋겠다. 그런 바보들이 많아지면 우리가 사는 공동체에 훈훈한 인간미가 넘쳐흐를 것이다.

바보들의 세상을 마음속에 그려본다.

신선대 미술관

신선대神仙臺에 자주 간다. 공원 입구에 주차하고 타원형 산책로를 느림보 걸음으로 40분 정도 걷는다. 시멘트로 포장된 길 양옆에는 평범한 나무들이 빽빽이 들어서 있지만, 태종대와 오륙도, 백운포를 한눈에 잡을 수 있다. 덤으로 활갯짓을 하는 갈매기들을 보면 온몸이 새로운 활력소로 가득 채워진다.

산책을 끝내고 나면 약간의 허기와 목마름을 느낀다. 도로변에 설치된 자판기에서 음료를 뽑아 혼자 마시기에는 왠지 청승스러운 기분이 든다. 경사진 언덕의 숲 사이에 보이는 '신선대 휴게소'라는 아담한 포장집으로 들어간다. 밀폐된 공간은 개방된 장소보다 더 자유롭게 생각하고 행동할 수 있어 좋다. 어릴 적 다락방을 좋아했던 마음이 노년에 나만의 공간을 찾는 이유인지도 모르겠다.

십여 년 전, 이 가게를 처음 찾은 후, 1년에 한두 번 정도만 들렀다. 어두운 분위기에 퀴퀴한 냄새까지 더해져 바람이 심하게 불거나 목이 몹시 마를 때만 길손처럼 찾던 곳이었다. 2년 전, 주인이 바뀌면서 휴게소의 내부 구조가 확 바뀌었다. 입구에는 간단하고 빠르게 음식을 먹을 수 있는 입석식으로, 문을 하나 더 열고 들어가면 한가한 시간을 편안하게 즐길 수 있는 좌석식으로 개조되었다.

작년 봄, 산책을 끝내고 어묵을 먹기 위해 새롭게 단장한 휴게소에 들렀다. 두 번째 문을 여는 순간 입을 다물 수 없었다.

'아! 우와…, 바다 그림이다.'

가로세로 1M 정도의 유리창 네 개 너머로 보이는 풍경은 내가 지금까지 보았던 바닷가 그림과 비교할 수 없을 만큼 아름답다. 흰색과 쪽빛, 초록과 연두의 조화가 절묘하다. 저 멀리 수평선을 따라 뭉게뭉게 피어오르는 구름과 그림의 중심을 나타내기 위해 하얀 기둥을 우뚝 세워 놓은 오륙도, 쪽빛 바다를 가르며 점점이 사라지는 유람선, 작은 인형이 움직이는 것처럼 보이는 방파제의 낚시꾼들, 좌우 여백을 가득 채우고 있는 상록수와 벚나무, 이제 막 움을 트고 올라오는 연둣빛 풀잎이 그림의 하단을 채우고 있다.

줄무늬 와이셔츠에 코르덴 바지를 입고 화장을 하지 않은 60대 주인아주머니의 의도인지는 모르겠지만, 창틀 색깔까지 고동색이어서 마치 네 개의 그림 액자를 가로로 진열해 놓은 듯하다. 내가 좌우로 움직이면 액자 속 그림이 바뀐다. 서서 보면 바다가 내 눈 밑에 보이지만 앉아서 보면 내 눈높이에 닿아 있다. 실내 분위기를 맞추기 위해 설치된 작고 노란 백열등은 나뭇가지 사이에 달처럼 걸려 있다. 잠시 감았던 눈을 뜨면 몇 마리의 새가 나타났다 사라진다. 편안하게 앉아서 이렇게 다양한 바다 그림을 감상할 수 있는 미술관을 여태껏 본 적이 없다.

지루하면서 특별하게 갈 곳이 없을 때 이곳을 자주 찾는다. 오후 서너 시에 가면 휴게소는 한적하다. 가끔 관람객이 가득 찰 때도 있지만 그들은 친구들과 파전을 안주 삼아 막걸리를 먹거나, 연인들끼리 토스트를 먹으면서 아메리카노를 마신 후 바쁘게 퇴장한다. 마음이 조급하면 좋은 풍경이나 그림이 보이지 않는다. 구름과 바다, 나무와 풀이 항상 똑같은 형상으로 보일 것이다.

나는 네 개의 그림 액자 중 역삼각형으로 보이는 바다를 나무와 풀잎이 감싸고 있는 두 번째 그림을 제일 좋아한다. 바다가 잔잔한 호수처럼 보여 흐트러진 마음을 다잡을 수 있다. 그 그림이 잘 보이는 테이블 위에 믹스커피를 올려놓고 전시관을 몇 바퀴 돌면서 수십 폭의 풍경화를 감상한다. 오늘따라 유난히 반짝거리는 바다가 그림을 더욱 밝고 화사하게 만들고 있다.

사물의 고유색을 부정하고 빛과 함께 시시각각으로 움직이는 색채의 변화 속에서 자연을 묘사하는 인상주의 화가들이 이곳 풍경을 보았다면 어떤 그림을 그렸을까. 모네가 아내 '카미유'와 함께 왔다면 어떤 포즈를 잡으라고 했을까. 그녀의 손에는 어떤 음료를 들고 있을까. 나는 모네가 카미유에게 지시했을 것 같은 좌석에 앉아 이리저리 몸을 돌리면서 커피잔을 들어본다. 아무래도 내가 좋아하는 테이블에서 측면을 보이는 게 좋겠다. 미세한 바람과 새소리, 출렁이는 파도와 모델의 마음은 화폭에 어떻게 담을지 궁금하다.

미술실에 가본 지 40년이 훌쩍 넘었지만 작은 화랑에 앉아 있는 기분이다. 그림을 그리고 싶은 생각도 든다. 네 개의 다리 위에 놓여 있는 테이블이 캔버스로, 동그란 수저통과 수저가 물감통과 붓으로, 클립보드 메뉴판이 팔레트로 보인다. 물감은 눈에 보이는 자연의 색을 빌려 와 사용하면 되겠다. 어떤 색, 어떤 모양으로 나의 마음을 그려야 할까.

조용히 그림을 감상하면서 지나온 세월을 반추하고 앞으로의 삶을 설계해 본다. 오래된 그림이 값어치가 더하듯 나의 노후도 그렇게 만들고 싶다. 생각하고, 고민하고, 실천하는 노력이 필요하다. 좋은 그림을 감상하면서 마음도 정리할 수 있는 이곳은 단순한 휴게소가 아닌 나의 미술관, '신선대 미술관'이다.

오랫동안 창가에 앉아 있으면 주인은 따뜻한 어묵 국물이 담긴 종이컵을 들고 와 테이블 위에 올려놓고 간다. 나는 장사가 잘되는지 묻지 않고, 주인은 내가 누구인지 묻지 않는다. 고개만 한 번 끄덕이면 더이상의 말이 필요 없다. 서로에게 감사한 마음이다.

천오백 원을 계산하면서 주인과 잠시 대화를 나눈다. 촌스럽게 보였던 아주머니가 화가나 화랑의 주인처럼 보인다. 얼굴을 조금만 꾸민 후, 한 손에 붓을 들고 예쁜 빵모자만 쓴다면 신선대 미술관의 관장이라고 해도 손색이 없을 것 같다.

집으로 가면서 바다와 숲이 보이는 미술관이 많이 생겼으면 좋겠다는 생각을 해본다.

묵정밭의 봄

처가가 농사짓는 시골이다. 몇 년 전까지 일 년에 예닐곱 번은 사역병으로 불려 다녔다. 도시에서 자라고 생활하던 나는 농사철이 다가오면 입대를 기다리는 젊은이처럼 걱정과 두려움이 앞섰다. 맏사위의 체면을 지키기 위해 열심히 농사일을 거들지만, 일하는 요령이 없으니 힘은 힘대로 들고 결과도 시원찮아 눈치까지 보였다. 일을 잘하는 처남들과 동서를 보면 부럽기만 했다.

모내기와 타작, 지게질과 도리깨질, 삽질에서 곡괭이질까지 농사일을 안 해본 게 없을 정도다. 죽도록 일하고 돌아오면서 너무 힘든 나머지 아내에게 화를 내며 언짢은 말을 여러 번 했었다. 아내는 미안하다는 말을 계속했지만, 나는 '왜 하필 시골 출신 여자를 만나 결혼해서, 이 고생이야.'라고 생각하며, '애들은 시골에 본가가 있는 처자하고는 절대 결혼을 시키지 말아야지.'라는 다짐을 하기도 했다.

일은 힘들어도 좋은 점도 많이 있었다. 지금까지 필요한 식량과 갖은 양념, 김치를 처가에서 가져다 먹었다. 일하면서 뜯어 온 제철 나물들과 된장찌개가 밥상에 올라오면 고급 한식집의 음식이 부럽지 않았다. 밥을 맛있게 먹으면서 아내에게 미안한 마음이 들기도 했다. 그래도 다음에 가야 할 날짜가 정해지면 스트레스가 쌓였다. 그런 세월이 삼십여 년 반복되며 지나갔다. 지금 처가는 농사를 짓지 않는다. 힘든 농사일을 하지 않아 좋기도 하지만 시장에서 채소를 살 때면 아쉬운 마음도 든다.

처가의 전답은 저수지를 중심으로 몇 군데 흩어져 있다. 농사를 짓고 관리하는 사람이 없으니 논은 밭으로 바뀌었고, 그 밭도 잡초가 무성한 묵정밭으로 변했다. 농지를 찾아오는 사람도 교체되었다. 벼 베기를 하다가 막걸리를 마시며 "양 서방, 힘들제."라고 말씀하던 장인어른은 안 계시고, 억척스럽게 일만 하던 장모님도 더는 농사를 지을 수 없다. 흰머리가 희끗희끗한 자식들과 가족이 나물이나 열매를 수확하기 위해 가끔 들를 따름이다. 이제 처가에 가면 시골의 계절 풍경을 즐기면서 내가 할 수 있는 일만 하면 된다.

봄볕이 완연한 사월 초. 도라지를 캐기 위해 아내와 함께 처가에 갔다. 아내는 술을 마실 줄 모르지만, 계절마다 도라지, 쑥, 돌복숭, 매실, 오가피 등을 채취하여 항아리에 술을 담근다. 술을 담그는 일은 생각보다 많은 시간과 정성이 필요하다. 처가에 가는 걸 싫어하는 남자가 뭐가 좋다고 술까지 담가 주는지. 주태백이 못지않은 애주가 남편을 위하는 마음도 있겠지만 술주정도 하지 않고, 다음 날 아침에 해장국을 끓여 달라는 말을 단 한 번도 하지 않았기 때문인지도 모르겠다.

몇 평 안 되는 도라지밭에 작년에 피었다 쓰러진 꽃대와 잡풀들이 멍석처럼 덮여있다. 나는 세 발 쇠스랑으로 잡초를 제거하면서 땅을 파고, 아내는 호미로 도라지를 캐내었다. 사 년 근 도라지가 구덩이의 반을 차지할 정도로 옹기종기 모여 있어 호미질이 조심스럽다. 생각보다 양이 많아 기분은 좋았으나 겨우내 얼었던 땅이 덜 녹은 상태에서 15㎝ 정도의 기다란 도라지를 캐는 작업은 쉬운 일이 아니다. 나는 땀을 비 오듯 흘리며 작업과 휴식을 반복했으나 아내는 쉼 없이 일을 한다. 도라지밭의 삼분지 일 정도를 갈아엎고 두 시간 정도 일을 하면서 목표량 한 포대를 채웠다.

'후유, 이제 다 끝났다.'라고 생각하며 안도의 한숨을 내쉬었다. "저쪽 밭에 가서, 돼지감자랑 더덕 좀 캡시다." 아내의 달에 어깨가 축 처졌지만 내가 좋아하고 잘 먹는 채소를 캔다기에 싫다는 말을 할 수 없었다. 아내는 돼지감자와 더덕을 캐면서 멧돼지가 파먹고 등산객들이 다 뽑아가 남은 게 없다면서 구시렁거렸다. 나는 속으로 천만다행이라고 생각하며, "우짜겠노, 나눠 먹어야지."라는 말로 위로했다. 아내가 다른 밭에 가서 봄나물을 뜯어가자고 한다. 몸은 힘들지만 여기까지 와서 지천으로 널려있는 제철 나물들을 그냥 두고 가면 너무 아쉬울 것 같다.

처가 논밭 중에서 가장 크고 농사가 잘되는 저수지 위쪽 밭으로 장소를 옮겼다. 양지바른 곳에 앉아 가져온 떡과 과일로 새참을 먹던 중, 지나간 시간이 영상처럼 흘러간다. 내가 결혼하고 처음 왔을 때 이곳은 논이었다. 모판을 지게에 지고 오르면서 너무 힘들어 모든 걸 팽개치고 도망가고 싶은 생각을 했었다. 그 후 마늘, 고추, 오이, 양파, 배추 등을 심는 밭으로 바뀌었다. 밭 주변에는 매화, 돌복숭, 감, 대추, 오가피, 초피, 헛개나무 등이 있어 수시로 일을 하러 왔었다. 묵정밭으로 바뀐 지금은 봄나물과 잡풀들이 서로의 영역을 적절하게 나누어 태평성대를 누리고 있다.

"한 시간만 하면 되니까, 당신은 몸살이 나지 않도록 사진이나 찍으면서 쉬고 있어요." 아내는 낫과 호미를 들고 밭으로 들어갔고, 나는 스마트폰으로 저수지의 봄 풍경을 몇 장 찍은 후 밭둑에 앉았다. 매화와 산수유가 드문드문 피어있는 반대편 산기슭의 암자에서 염불 소리가 들려온다. 나는 지금 염불에는 마음이 없고 잿밥에만 눈이 먼 스님처럼 봄나물을 맛있게 먹을 생각만 하고 있다. 그래도 아내의 일이 끝나면 내가 짐을 옮기고 부산까지 차를 몰고 가야 하므로 좀 쉬어도 괜찮다고 위안한다.

묵정밭은 봄나물의 향연장이다. 혹독한 겨울을 이겨낸 봄나물은 따뜻한 봄볕과 신선한 공기를 맞으며 누가 더 튼실하고 향이 강한지를 뽐내고 있다. 밭 귀퉁이에서 자라는 달래와 부추는 서로 힘이 세다며 줄기를 하늘로 쭉쭉 뻗어 올리고, 정해진 장소도 없이 뿌리를 깊게 내린 냉이와 쑥은 서로가 봄을 대표하는 향을 뿜어낸다고 주장하고, 그늘진 곳에서 조용히 자라는 머위는 식욕을 돋우는 데 최고라고, 몇 년 전에 씨를 뿌려 적응을 잘하고 있는 방풍은 건강식품으로 제일이라고, 손가락 길이만큼 자란 땅두릅은 고기보다 맛있다며 목소리를 높인다. 할 말이 없는 잡초들은 가만히 앉아 있는 나처럼 눈만 말똥거리고 있다.

"다 되었어요. 갑시다." "벌써! 이야, 많이 캤네." 아내는 한 시간도 지나지 않아 두 개의 커다란 비닐봉지에 봄나물을 종류별로 가득 채웠다. 손질하고 다듬는 일은 집에 가서 하면 된다. 입구에 세워둔 장모님 전용 유모차에 도라지와 나물을 싣고 처가로 향한다. 처가에 와서 일하고 이렇게 기분 좋은 적은 없었다. 나도 모르게 콧노래가 나온다.

허약한 신체에 봄이 가득 채워질 걸 생각하니 집으로 향하는 운전대가 가볍다.

가을 타는 남자

가을입니다.

두 계절이 의미 없이 지나갔습니다.

이제 밤낮으로 당신이 생각납니다.

상사병에 걸린 중환자처럼 아무것도 할 수 없습니다. 아무리 잊으려고 노력해도 해마다 찾아오는 계절병이 치료되지 않는군요. 도시에서 전학 온 여학생을 골목에 숨어 몰래 훔쳐보는 시골 남학생처럼 얼굴만 달아오릅니다. 지금까지 경험하지 못한 가슴속 소용돌이를 누구에게도 말할 수 없어 혼자 실실거리며 거리를 배회합니다. 해질녘, 가을이 보이는 찻집에 앉아 당신을 그려 봅니다.

가을에는 여행을 자주 갑니다.

가을이 오면 남자들의 감성지수는 풍선처럼 올라갑니다. 어떤 남자는 편지를 쓰거나 핸드폰을 두드리며 청춘의 풋사랑을 떠올리지만, 저는 기차를 타고 무작정 떠납니다. 여행을 가면 그리움의 고통이 사라집니다. 풀 한 포기, 꽃 한 송이를 보면 가슴이 떨립니다. 마음속의 여인을 만날지도 모른다는 기대감 때문입니다. 빈손으로 돌아올지라도 당신이 머무는 근처까지 다녀온 저의 작은 용기를 격려하고 싶습니다.

제가 왜 당신을 기다리는지 생각해 보았습니다.

아가페나 에로스 같은 철학적인 이유는 없습니다. 불나비처럼 하룻밤을 불태우거나 오랫동안 나의 여인으로 구속하여 희생을 강요하고 싶어서도 아닙니다. 이유는 모르겠지만, 나이가 들면서 꽃이 피는 봄보다 단풍드는 가을이 더 좋습니다. 게다가 저는 결실의 계절, 시월에 태어났고 당신은 어머니처럼 그 계절을 만들었습니다. 어쩌면 운명인지도 모르겠습니다. 마냥 좋습니다.

이제 당신을 당당하게 사랑하겠습니다.

당신의 커다란 우산이 되어 함께 걷고 싶습니다. 단풍길을 거닐다가 가을바람을 타고 떨어지는 낙엽에 상처가 나지 않았으면 좋겠습니다. 누군가는 가을비에 낭만이 있다고 말하지만, 혹여 감기에 걸리거나 우울한 표정을 짓지는 않을까 걱정입니다. 우산이 아니라 비옷이라도 되어 당신의 따뜻한 체온을 느끼고 싶습니다. 상대방에 대한 생각과 배려는 사랑의 시작입니다.

당신을 위해 뭐든지 하고 싶습니다.

당신만 들을 수 있는 라디오와 당신만 볼 수 있는 TV를 만들어 드리겠습니다. 밤새도록 라디오를 틀어 놓고 가을의 소리를 들으세요. 지루하면 TV를 켜고 가을의 풍경을 구경하세요. 아름다운 추억을 생각하면서 저를 향해 피식 한 번 웃어주세요. 기지개를 쭉 펼치고, "아! 가을. 참 좋다."고 말하세요. 그러면 저는 소풍날, 장기자랑에 나간 아이처럼 가을 노래를 부르겠습니다.

가끔 내 나이와 비슷한 가을의 들판을 만나러 갑니다.

반잔 남은 포도주를 보고 염세주의자와 낭만주의자의 생각이 다르다고 합니다. 저는 후자에 속합니다. 그래서 마지막 열정을 다 쏟아내는 가을의 들판이 좋고 저의 황혼도 그렇게 만들려고 노력합니다. 이제 눈으로 보고 손으로 만지고 입으로 떠드는 사랑보다 가슴으로 생각하고 그리워하는 사랑을 하고 싶습니다. 조금 외로워도 들판에 서면 당신을 느낄 수 있어 행복합니다.

제가 누군지 궁금하면 바람을 따라가세요.

천천히 걷다 보면 곱게 물든 산중으로 들어가게 될 겁니다. 숲속의 요정들은 당신의 정숙하고 아름다운 기품을 보면서 성대한 향연을 베풀어 줄 것입니다. 그들이 애타게 기다리던 '가을 여인'이 바로 당신이기 때문입니다. 꽃자리에 앉아 주위를 한 번만 둘러보세요. 당신이 타고 갈 꽃가마를 손질하며 바보처럼 웃고 있는 중년, 그 사람이 '가을 타는 남자'입니다.

곧 쌀쌀한 바람이 불기 시작합니다.

당신은 가을의 마지막 종소리를 들으며 어디론가 떠나겠지요. 이 가을에 받은 사랑과 행복에 감사드리며 옅은 미소로 아쉬움을 대신

하겠습니다. 당신이 떠난 빈자리를 채우려고 노력하지 않겠습니다. 그 자리 그대로 소중하게 간직하겠습니다. 개울물에 떨어진 낙엽이 정처 없이 흘러가고 있군요. 저도 세월을 따라가며 세상 살아가는 정도를 다시 배우겠습니다.

저를 기억하지 않아도 괜찮습니다.

제 마음은 항상 가을입니다.

변신은 자유

대부분 신체에 대한 콤플렉스가 있다. 군인들이 얼룩무늬로 위장하듯 사람들은 자신의 결점을 은폐하려고 노력한다. 얼굴에 잡티를 감추기 위해 화장을 하고, 흰머리를 염색하고, 굽 높은 구두를 신는다. 한술 더 떠 성형하고, 가발 쓰고, 7㎝ 키높이구두에 머리카락까지 세우며 종합 변신을 시도한다. 몸이나 태도를 바꾸는 변신은 자존감을 찾고 더 나은 삶을 위한 방편일 수도 있다.

아버지의 앞머리가 'M자형'이었다. 건강하고 머리숱이 많았던 나는 '멘델의 유전법칙'을 극복하고 풍성한 머리칼을 쓸어 넘기며 멋진 황혼을 보낼 수 있을 거라 짐작했다. 마흔 중반을 넘기자 앞머리가 빠지면서 멘델의 이니셜 'M'자가 이마에 나타나기 시작했다. 원하지 않는 외모의 변화는 스트레스다. 스트레스는 풀어야 하는데 풀 수가 없다. 풀 수 없으면 감추어야 한다. 그때부터 샤워한 후, 머리가 마르기 전에 앞머리를 빗으로 계속 끌어내려 'M자형'을 'm자형'으로 변신시키기 위해 지속적인 노력을 해왔다.

'신랑이 가발을 쓰는지 모르고 결혼한 신부가 신혼 첫날밤을 치르고 새벽에 눈을 떠 보니, 옆에 대머리 아저씨가 누워 있어 화들짝 놀라 비명을 지르다 침대에서 떨어졌다.'는 웃기고 슬픈 이야기를 떠올리며 앞머리 정도는 그나마 다행이라고 생각한다.

지난 11월에 아들의 결혼식이 있었다. 아내는 혼주도 메이크업해야 한다며 미용실을 예약해 주었다. 젊었을 때 호기심에 미용실을 두어 번 가본 적이 있으나 구레나룻과 콧수염, 코털, 귀털, 눈썹 등의 면도를 해주지 않는다는 것을 체험하고는 발길을 끊었다. 당일 새벽에 일어나 집에서 샤워와 면도를 하고 예약된 상가 미용실로 향했다. 코앞에 있는 목적지에 가면서 미용실 아주머니는 나의 얼굴과 머리를 어떻게 변신시킬까 하는 설렘과 두려움이 교차했다.

손수건으로 비둘기를 만드는 마술사보다 더 빠른 주인의 손놀림 덕분에 메이크업은 20분 만에 끝났다. 거울을 보는 나에게 어떠냐고 물었다. 얼굴은 티 없이 깨끗해졌으나 머리가 바람을 맞은 들풀처럼 위로 비스듬히 누워 이마가 훤하게 보였다. 약간 불만스러웠지만 웃으면서 계산을 하고 나왔다. 집에 오자마자 아내의 화장대에 앉아 얼굴과 머리를 자세히 관찰했다. 볼수록 괜찮은 것 같아 입가에 미소가 번진다. 이 넓고 좋은 이마를 지금까지 왜 감추려고 했을까. 기분이 좋아지면서 거울 속에 웃고 있는 아버지의 모습도 보인다. 빨리 식장으로 가서 하객들에게 변신 속의 진면모를 보여주고 싶었다.

20년 가까이 지켜 온 고정관념 하나가 20분 만에 허물어졌다.

TV도 장난감도 없었던 어린 시절에 전쟁놀이를 자주 했다. 학교와 라디오에서 늘 '무찌르자 공산당. 때려잡자 김일성.'만 듣다 보니 '빨갱이는 죽일 놈'이라고 세뇌되었다. 집에 혼자 있을 때 지도를 펴 놓고 전 세계 공산주의자들과 수많은 전투를 벌였다. 나에게는 하늘과 바다를 빛보다 빠르게 달릴 수 있는 지우개와 끝없이 총알을 쏟아내는 연필이 있었다. 게다가 나는 점술가의 혜안을 겸비한 투명인간으로 변신할 수 있었다. 어느 전투에 참여하던 백전백승이었다. 상상 속에서는 누구나 쉽게 변신을 시도할 수 있다.

다람쥐가 쳇바퀴 도는 듯한 일상을 벗어나고 싶을 때도 변신이 필요하다. 외모나 생활환경 중 하나, 또는 둘 다를 바꾸려고 시도한다. 밝은 계열의 잠바를 사면서 잠시 여행이라도 다녀와야겠다고 마음먹는다. 막상 행동에 옮기려 하니 제약이 너무 많다. '그냥 사는 대로 살아야지. 내 복에 무슨….' 체념하면서 포기한다.

몇 년 전, 김수현 작가의 「엄마가 뿔났다」라는 드라마가 방송된 적이 있다. 시청자들은 아내이면서 엄마인 주인공 '김한자'의 가출에 대해 찬반으로 나뉘어 열띤 토론을 벌이기도 했다. 변신은 우연히 찾아올 수도 있지만 김한자와 같은 용기가 필요할 때도 있다.

변신은 고대 로마 시인 '오비디우스'의 『변신 이야기』부터 소설가 '카프카'의 『변신』에 이르기까지 많은 작가에 의해 다루어졌고, 지금도 영화와 드라마, 소설, 희곡 분야에서 중요한 소재로 활용되고 있다. 청소년들이 좋아하는 인터넷게임에서조차 변신이 없으면 토끼들끼리 서로 대장이라고 싸우는 게임과 다르지 않다.

카프카는 프라하에서 유대인으로 태어났으나 체코인이 아니었고 독일어를 사용했으나 독일인도 아니었다. 어디서도 환영받지 못하는 이방인 신세였다. 카프카가 느꼈던 소외와 고독이 소설 『변신』 속에 녹아있다. 작품의 주인공 '그레고리 잠자'의 이름 중 '잠자'는 체코어로 '나는 혼자다.'라는 뜻이 내포되어 있어 카프카의 외로움을 대변하는 것 같다.

변신에 대한 카프카의 사고와 일반인들의 생각은 차이가 있다. 나는 '변신'이란 단어에서 어떤 위기에서 벗어나기 위한, 더 좋은 환경으로 가기 위한 긍정적 의미만 생각했다. 카프카는 인간이 끔찍한 해충으로 변하는, 더 나쁜 환경으로 빠져드는 변신의 부정적인 면을 상상하면서 작품을 썼다. 그 상상은 허구가 아니라 지금 현재 우리 주변에서 어렵지 않게 볼 수 있는 현실이다.

'그레고리 잠자'처럼 가족을 위해 죽어라 일만 해온 이 시대의 가장들, 한때는 집안의 희망이라며 스포트라이트를 받았던 취업준비생들, 몸이 불편하거나 피부 색깔이 다르다는 이유로 차별받는 사람들. 그들은 변신하지 않았지만 우리 사회와 이웃, 가족들은 그들을 변신시켰다. 그들이 왜 벌레처럼 따돌림과 모멸감을 당해야 하고, 왜 음지에 숨어 살아야 하는지를 생각해 본다. 우리도 누구나, 언젠가 한 마리의 벌레가 될지도 모르는 일이다.

트랜스젠더는 수술을 통해 육체적 성별이 바뀌었거나 신체적 성별과 정신적 성별이 일치하지 않는 사람을 통틀어 지칭하는 말이다. 얼마 전, 태국의 파타야에서 한 시간 동안 트랜스젠더 쇼를 관람한 적이 있다. 그들의 화려하고 아름다운 공연은 평생 잊을 수 없는 추억으로 남아 있다. 근데 그들은 사회적 비난과 수모를 감내하며 왜 변신을 선택했을까.

고치 속 번데기는 꽃이 핀 들판을 날아다니는 꿈을 꾼다. 그 꿈을 이루기 위해 허물을 벗고 나비로 변신한다. 완성으로 향하는 변신은 자유다.

광안리 밤바다

풍수지리학상 명당자리다. 좌청룡 우백호 남주작 북현무의 사신이 에워싸고 있는 지역이다. 왼쪽으로 푸른 동백섬이, 오른쪽으로 오륙도의 하얀 등대가, 남쪽으로 붉은 태양이, 북쪽으로 듬직한 금련산이 광안리를 감싸고 돈다. 최고의 명당, 광안리 해변에서 바다를 보고 있으면 바라던 소망이 금방 이루어질 것 같다.

광안리 해변은 해수욕 철이 아니더라도 1년 내내 많은 사람으로 붐빈다. 해맞이와 불꽃축제, 횟집거리와 테마거리 등의 각종 행사와 먹거리, 볼거리가 풍부하여 지역 주민과 전국의 관광객이 즐겨 찾는 곳이다. 바다를 찾는 이유와 좋아하는 풍경은 십인십색이다. 시간과 날씨에 따라, 누구랑 동행했느냐에 따라, 자신의 기분에 따라 한 결같은 바다가 다르게 보인다. 그래도 정신없이 바쁘게만 살아왔던 일상을 잠시 내려놓고 싶은 마음은 똑같을 것이다.

나에게 바다는 가슴 아픈 추억이 있는 곳이다. 형을 따라 갯바위 낚시를 갔다가 가파른 바위에서 미끄러져 발목을 삐었을 때의 고통, 고등학교 시절 해수욕장에 함께 갔던 친구가 익사 사고를 당했을 때의 암울함과 말없이 한참을 울던 친구 어머니의 비통함, 대학 졸업 여행을 제주도에 갔다가 밤배를 타고 돌아오던 중 엔진 고장으로 세 시간 넘게 떨었던 공포감이 떠오른다. 그런 트라우마로 인해 바다를 좋아하지 않았고 해수욕을 한다는 것은 엄두도 낼 수 없었다.

20여 년 전, 광안리로 이사를 왔다. 아무리 미운 사람도 자주 보고 만나면 정이 들듯이 광안리 바다를 좋아하게 되었다. 특히 밤바다는 내 마음속으로 조금씩 스며들기 시작했다. 화려하면서 고요한 밤바다는 지금까지 갖고 있던 두려움과 거부감을 극복할 수 있게 만들어 주었고 근심거리를 터놓고 이야기할 수 있는 편안한 장소라는 것을 깨닫게 해 주었다. 누구든지 자신의 고민을 토로할 수 있는 대상이 있다면 어렵지 않게 힘든 시기를 이겨낼 수 있다.

퇴직 후 광안리 밤바다를 자주 걸었다. 지금까지의 삶을 되돌아보면서 직장 동료와 친구들에게서 멀어져 스스로 외로워지고 싶었다. 사람은 온전히 혼자 살 수는 없지만, 그렇다고 그들과 함께 어울려 있는 시간이 즐겁지도 않았다. 어느 철학자가 말한 '비사교적 사교성'이란 표현처럼 지금까지 소속된 범주로부터 철저하게 고립되는 시간이 필요했다. '나는 무엇인가, 누구인가?'라는 질문을 밤바다에 던졌다. 한참의 시간이 지난 후, '특별하지 않고 평범한, 그냥 사회적 인간.'이란 답을 들었다. 바다가 모든 것을 품고 가듯이 친구들과 다시 어울려야 했다. 지루하고 힘든 치유의 시간 동안 밤바다는 간병인처럼 곁에서 나를 지켜주었다.

소금기가 짙은 바닷바람 한줄기가 바람막이숲 사이로 불어와 광안리 해변을 찾아온 손님들에게 인사를 한다. 부끄러움도 낯가림도 없이 누구든 반겨준다. 사람들의 환한 미소가 파도처럼 빠르게 번져 나간다. 바람을 타고 돌아다니는 갯내는 해변을 거니는 행인들의 옷깃으로, 카페의 찻잔으로, 횟집의 술잔으로 스며든다. 방문객들은 바다 냄새를 느끼고 마시며 서로의 담소를 나눈다. 해변을 빠져나가는 바람은 그들의 이야기를 쓸어 담아 바다 위에 흩뿌리고 사라진다. 저녁 어스름이 깔리면 바다에서 사람들의 체취가 물씬거린다.

광안리 밤바다는 자연과 문명, 바다와 도심이 함께 공존하는 풍경이다. 널따란 백사장, 잔잔한 파도, 궁전처럼 떠 있는 유람선, 광안대교의 오색 빛 꽃전등, 해변의 고층 건물과 수영만 마천루의 화려한 조명이 합쳐지면 환상적이고 낭만적인 분위기를 만들어낸다. 무명가수의 라이브 콘서트와 젊은이들의 춤사위 한마당, 문인들의 낭랑한 시 낭송까지 어우러지면 외국의 이름난 해변을 거닐고 있는 듯하다.

야경에 한참 빠져있으면 몇 년 전 태국에서 크루즈를 탔던 기억이 떠오른다. 방콕의 차오프라야강을 따라 이동하는 '선셋 투어'였다. 어둠이 내리면 강을 따라 자리 잡은 왕궁과 사원에서 뿜어내는 무지갯살 조명이 불야성을 만들었다. 무료로 제공되는 맥주를 마시며 200여 명의 여행객이 펼치는 화려한 댄스파티는 나이트클럽을 방불케 했다. 아무도 나이와 성별, 색깔을 구분하지 않고 각자의 자유를 분출했다. 나도 젊은이들과 함께 어울리며 광적인 춤을 추었다.

광안대교 위에 사리와 조금을 관리하는 달이 떴다. 항아리 모양을 닮아 가장 예쁘다는 열사흘 달의 그림자를 품은 바다는 윤슬을 뿜어내고 너울너울 춤까지 추면서 온몸으로 달빛을 즐긴다. 달에는 물이 없지만 '폭풍의 바다, 풍요의 바다, 인식의 바다'라고 불리는 바다 지명이 많다. 달은 바다를 그리워하고 어둠의 바다는 생명의 빛을 원하는 간절함에 서로의 연정을 확인한다. 달은 바다 위에 머무르고 있을 때, 밤바다는 달빛을 받고 있을 때 더욱 아름답게 보인다.

달은 여인들의 소망을 들어주는 신이기도 하다. 열 살 때쯤 밤늦게 어머니를 따라 바다로 간 적이 있다. 달과 등대가 보이는 해안가에 이미 많은 아주머니가 각자의 소망을 빌고 있었다. 그 대열에 어머니도 합류했고 나는 아무 의미도 모른 채 어머니가 하는 동작만 따라 했다. 그 여인들은 모두 개인의 안위보다 가족들의 무탈을 기원했고, 바라는 바가 이루어지지 않으면 정성이 부족한 탓으로만 돌렸다. 자신들의 달거리까지 관리하는 신에게 원망이나 불평을 하지는 않았다.

언젠가 밤바다에 비가 내렸을 때였다. 옷을 벗고 백사장을 달려 바다로 들어가고 싶은 충동을 느꼈다. 어느 가곡의 가사에 나오는 '파란 물 눈에 보이는 남쪽 바다', 마산의 합포만에서 친구들과 함께 소나기를 맞으며 바닷게를 잡다가 속옷만 입은 채 갯벌 위를 달리던 때가 생각났다. 넘어지면 웃으면서 일어나 다시 뛰었다. 씨름을 몇 번 한 후, 얼굴에 뻘을 바르고 바닷물에 첨벙 뛰어들었다. 뒷일을 걱정하지 않았고 두려움도 없었다. 욕심 없이 마냥 순수했던 그 시절이 그립다. 밤바다에 굵은 빗방울이 후드득 내리면 바다로 들어가 마음속에 기생하고 있는 탐욕과 위선을 깨끗이 씻어내고 싶었다.

밤늦은 시간에 차를 몰고 금련산 8부 능선에 자리하고 있는 전망대에 가본 적이 있다. 전망대에서 바라보는 광안리 바다 야경은 한 폭의 그림이다. 누가 와서 화폭에 그리든 사진으로 남기든 멋진 작품이 될 수 있다. 타원형의 고요한 호수 위에 크고 작은 별들이 내려와 빤짝거리고 있다. 숙련된 어부가 그물을 던지면 호수와 별들을 한꺼번에 끌어올릴 수 있을 것 같다. 빈센트 반 고흐가 그린 「아를의 별이 빛나는 밤에」라는 작품도 떠오른다. 고흐가 여기서 광안리 밤바다를 보았다면 어떤 멋진 그림을 그렸을지 궁금하다.

자정이 넘어 불빛이 드문드문 보이는 시간에도 바다는 파도를 만들고, 파도는 예쁜 포말을 만들며 아직도 백사장에 남아 있는 젊은이들을 유혹한다. 어떤 연인들은 팔짱을 낀 채 행복을 나누며 걸어가고, 몇몇 청춘들은 자신들의 꿈을 실은 폭죽을 하늘 높이 날려 보내고, 혼자 걷고 있는 남자는 흘러간 노래를 부르며 누군가를 그리워하고, 턱을 괴고 앉아 있는 여인은 또 다른 사랑을 기대하고 있다. 사람들은 밤바다의 백사장에서 목표와 용기를 찾아내어 미래의 텃밭에 희망의 씨앗을 뿌리는 중이다. 그들의 아름다운 사랑 이야기는 광안리 밤바다의 추억으로 포장되어 오래오래 가슴속에 새겨져 있을 것이다.

꼭두새벽에 출항한 작은 고깃배들은 밤이 사라지기 직전에 광안리 포구로 들어온다. 싱싱한 해산물을 직접 구매하기 위해 인근 주민들도 새벽 일찍 바다로 나온다. 사람들이 부산하게 움직이기 시작하고, 저 멀리 수평선 끝에서 여명이 조금씩 밀려오면 밤새 광안리 바다를 지키던 어둠은 서서히 물러난다. 밤낮이 반복되는 자연의 법칙을 따라야 한다.

몇몇 아주머니들이 어둠의 꼬리를 잡고 두 손을 모으며 머리를 조아린다. 나도 50년 전 어머니에게서 배웠던 자세를 취하며 그리운 사람들의 평안을 기원해 본다.

제 2부

정다운 대화

나잇값

승객들이 싸우고 있다. 도시철도 노약자석에서 30대 중반의 젊은 아주머니와 일흔 정도 보이는 남자가 서로 삿대질을 하며 고함을 지른다. 아주머니의 서너 살 된 딸이 노약자석에 앉아 있었는데, 노인이 아이를 일으켜 세우며 아이 엄마에게 "어이, 이거 치워."라고 막말을 한 것이 싸움의 발단이다. 노약자석은 노인석이 아니다. 노인뿐만 아니라 장애인, 임산부, 어린이 등 교통 약자가 앉을 수 있는 자리다.

허리가 약간 굽은 할머니가 보따리를 하나 들고 버스를 탔다. 운전석 뒤편 기둥을 잡고 불안한 자세로 교통카드를 찍은 후, 빈 좌석이 있는지 두리번거린다. 자리에 앉아 있는 젊은이들은 스마트폰이나 창밖을 본다고 할머니를 미처 인식하지 못했을 수도 있다.

"학생들 할머니에게 자리 양보 좀 하지?"라고 중간쯤에 서 있던 40대가 큰 소리로 말한다. 학생 한 명이 못 이기는 척 자리에서 일어선다.

'제발 나잇값 좀 해라.' 가끔 사용하는 말이기도 하지만 자주 듣기도 한다. '값'은 물건을 사고팔 때 주고받는 돈이나 일정하게 매겨진 액수를 말하기 때문에 밥값이나 술값은 쉽게 계산할 수 있다. 하지만 나이에 어울리는 말과 행동을 뜻하는 '나잇값'은 어떻게 계산할 수 있는가. 돈으로 계산할 수 없으나 청소년 · 청년 · 중년 · 노년, 등 자신의 나잇대에 맞게 언행을 하라는 의미일 것이다.

아이가 지나치게 성숙했거나, 어른이 아이 같은 언행을 하면 '애어른'이라 한다. 특히 어린이 영화를 즐기고 장난감을 수집하는 어른을 '키덜트(Kidult)'라 부른다. '스콧 피츠제럴드'의 소설을 영화로 만든 「벤자민 버튼의 시간은 거꾸로 간다」에서 주인공 '벤자민 버튼'은 80세의 외모로 태어나 점점 아이가 되어 보모의 보살핌을 받다가 세상을 떠난다. 모두 바람직한 삶은 아니다. 아이는 아이처럼 놀아야 하고, 어른은 어른다워야 하고, 나이가 들면 조금씩 늙어가야만 정상이다.

누구든지 어이없거나 철없는 행동을 하면 '나잇값 좀 해라.' 또는 '나이를 헛먹었나?' 등과 같은 욕을 듣는다. 나이를 계급이나 권력으로 알고 상대를 우격다짐으로 제압하려는 사람도 많다. 그러다 보면 큰소리가 나면서 싸우기도 한다. 젊은이들은 몸가짐을 조심스럽게 하면서 예의를 지키고, 어른들은 욕심보다 아랫사람을 배려하는 마음이 앞선다면 서로 얼굴 붉히는 일은 없을 거라는 생각이 든다.

'나잇값'은 각자의 나이에 따라 의무를 부여한다. 스무 살인 청년은 1년에 20개의, 일흔인 노인은 70개의 부채를 안고 살아야 한다. 1년 동안 나이만큼의 모범적인 언행을 하면서 빚을 갚아 나가야 할 것이다. 그래서 '나이 들면 입은 닫고 지갑은 열어라.'는 말이 생겼는지도 모르겠다.

나이는 나이테처럼 쌓아가는 연륜이지 어깨에 달고 다니는 계급장이 아니다.

60대 남자들의 몸부림

아버지가 환갑 이듬해에 돌아가셨다. 나도 아버지 나이쯤에 세상을 떠날 거라고 마흔 중반부터 생각했으나 덤으로 몇 년을 더 살고 있다. 언론 매체에서 백 세 장수가 일반화된 '호모헌드레드(Homo-hundred)'시대라고 하도 떠드니 최소한 20년 정도는 더 살 수 있지 않을까 하는 기대와 걱정이 교차한다.

집에서 가까운 거리에 수영사적공원과 팔도시장이 있다. 사람 구경도 하고 바람도 쐴 겸해서 가끔 간다. 공원에 갈 때마다 수십 명의 노인이 바둑이나 장기를 두면서 여가를 보내는 모습을 볼 수 있다. 바둑 두는 것을 한참 구경하고 있으면 옆에 있던 어르신이 "어이, 젊은이! 내기 바둑 한판 둘까?"라고 말을 건넨다. 나는 손사래를 치며 얼른 시장통으로 발걸음을 돌린다. 단골 반찬가게 50

대 아주머니는 나를 보자마자 "아이고, 어르신. 요즘 어디 편찮으세요? 통 안 오시고."라며 반갑게 맞아준다. 집으로 가면서 생각해 본다. '나는 젊은이인가. 늙은이인가.'

35년 전, 아버지는 예순이 되기 전부터 할아버지나 노인이란 소리를 들으며 경로우대를 받았다. 지금 아버지보다 나이가 많은 나는 중년도 중노인도 노인도 아니다. 뚜렷한 소속이 없다. 버스나 지하철을 타면 자리를 양보해주는 젊은이가 없고 텅 빈 노약자석에 앉아 가기도 눈치가 보인다. 일반 좌석에 앉아 있다가도 임산부나 유아를 동반한 젊은 부녀자가 타면 자리를 양보한다. 어릴 적 학교에서 배운 공중도덕을 실천하지 않으면 목적지까지 가는 내내 마음이 불편하다.

60대를 시쳇말로 '낀 세대'라 한다. '낀 세대'는 부모 부양 의무를 고수하는 마지막 세대이자 자신의 노년을 스스로 준비해야 하는 첫 세대, 베이비붐 세대를 의미한다. 사회와 가정이 급속도로 변화하는 과정에 끼여 총대를 메지도, 비겁한 침묵을 방관하지도 못한다. 특별하게 내세울 것이 없지만 젊은이들에게 보수적인 말을 하면 꼰대라고, 일흔이 넘은 어른들에게 진보적인 말을 하면 좌파라고 욕을 듣는다. 60대는 빨강도 녹색도 아닌 노랑이고, 온수도 냉수도 아닌 미지근한 물이다. 젊은이와 노인이 앉아 있는 2인용 의자에 엉덩이만 살짝 걸치고 있는 세대다.

나 같은 베이비붐 세대 남자들은 가정에서도 눈치를 보며 산다. 아내 말에 토를 달거나 아내의 바깥 활동을 간섭하는 남편을 '간 큰 남자'라고 한다. 여자들은 남편이 가사를 도와주지 않거나, 아내의 외출 시 이것저것 따져 묻거나, 전화해서 귀가를 독촉하는 경우 이혼당할 빌미를 제공한다고 겁박한다. 나이가 들수록 남자들은 음의 기운이, 여자들은 양의 기운이 강해지는 경향도 있겠지만 가장으로서 권위 의식만 내세워 큰소리치며 살아온 남편에 대한 앙갚음인지 보복인지 모르겠다.

아내들은 남편보다 자식들을 먼저 생각한다. 본인들은 절대 아니라고 말하지만 집안의 행사 날짜를 잡는 일부터 외식 장소와 메뉴의 선택까지 자식들에게 우선권을 준다. 그런 일이 거듭되면서 남편들은 아내의 의견에 아무 대꾸도 못 하고 무조건 따라간다. 자연스럽게 60대 남자들의 집안 서열은 꼴찌다. 애들이 집에 오면 2위에서 4위로 밀려난다. 애완견을 키우는 친구는 서열 5위라며 신세타령을 한다. 아무리 잘못한 게 많아도 세상을 떠날 때까지 확고부동하게 서열이 1위였던 아버지가 부럽다.

얼마 전 생면부지의 사람들과 함께 술을 마시는 특별한 경험을 했다. 혼란스러운 마음을 정리하고 싶어 시장통 포장집에서 혼자 소주를 마시고 있었다. 청승스럽게 보일지 몰라도 나름 알찬 시간이다. 빈 테이블이 없는 상태에서 단골손님인 듯한 남자 두 명이 들어왔다. 주인아주머니의 간절한 합석 요청에 애주가로서의 동병상련을 느끼며 흔쾌히 승낙했다. 각자의 안주를 먹으며 인사를 했다. 나는 나이와 신분을 먼저 밝혔다. A와 B, 두 사람은 고등학교 동기로 나보다 세 살 적었다. 그들은 나를 형님이라 불렀고 반갑게 잔을 주고받으며 서로의 안주를 나누어 먹었다. 이런저런 이야기를 하다가 가족에 대한 불만까지 털어놓기 시작했다.

A는 건축업을 하면서 십여 년 전 부도를 맞고 어려움을 겪었으나 지금은 괜찮은 편이다. 아들 둘 다 결혼시켰다. 부산에서 의사를 하는 큰아들은 병원을 개원해 달라며 친구 아버지들과 비교하고, 서울에서 대기업에 다니는 작은아들은 아파트를 사달라고 요구한다. 게다가 A의 아내는 남편을 능력 없는 남자로 취급한다. 근심도 많고 집에도 가기 싫어 일을 핑계 삼아 회사에서 자주 숙식을 한다. 자식 교육을 잘못시킨 후회와 함께 왜 이렇게 살아야 하는지 자신의 신세를 한탄했다.

인테리어업을 하는 B에게는 결혼한 딸과 회사를 그만두고 대학원에 다니는 아들이 있다. 딸은 맞벌이하고, 아들은 원룸에서 혼자 생활한다. B의 아내는 딸 집에서 손주들을 돌봐주고 시간이 나면 아들의 원룸에 가서 찬거리를 챙겨준다. 집에는 가끔 온다. 인물인 훤칠한 B는 얼마 전 대학 때 사귀던 여자와 카톡을 몇 번 주고받았다는 이유로 찬밥 신세를 면치 못하고 산다. 많은 역경을 이겨내고 열심히 살아온 30년 세월의 공적은 첫사랑에게 안부를 물어본 괘씸죄에 걸려 산산이 깨어져 버렸다.

나는 특별한 이야기를 하지 않고 술잔만 건네며 고개를 끄덕거려주었다. 그것이 내가 할 수 있는 최고의 상담이자 위로의 표현이었다. A와 B의 일방적인 이야기만 듣고 누가 옳다 그르다를 판단할 수 없지만 두 남자는 아무한테도 말 못 하는 가슴앓이를 술잔으로 털어냈다. 떵떵거리고 사는 것처럼 보이는 60대 남자들의 속을 들여다보면 모두 오십보백보다. 나는 연장자로서 "한번 왔다 가는 인생. 즐겁게 삽시다."라는 마지막 건배를 하고 자리에서 일어섰다.

60대 남자들은 민주화운동과 외환위기, 금융위기를 겪었으나 한 가정을 그런대로 이끌어 왔다. 남은 건 주름살과 흰머리밖에 없다. 이제 자식들 뒷바라지에 열성을 다하는 아내의 말에 순종하면서 쥐죽은듯이 조용히 살아야 한다. 아무리 몸부림쳐도 현실을 피할 수도 벗어날 수도 없다. '피할 수 없으면 즐겨라.'는 말처럼 모든 걸 감사하고 긍정적인 마음으로 받아들여야 여생이 편할 것 같다.

「아! 옛날이여」라는 유행가를 흥얼거리며 집으로 털레털레 걸어간다.

빈嬪

첩을 두고 산다. 예전에 군왕이나 권세가들만 가능했던 일이다. 현재를 살아가는 여자들의 처지에서는 생각만 해도 머리 아프고 끔찍한 일이다. 최소한 별거나 이혼을 하고 가정은 풍비박산이 날 것이다. 어질고 선한 아내가 지아비를 위한 희생정신으로 첩을 아끼고 챙겨준다면 상황은 달라진다. 부부가 평등한 사회에서 상상하기 힘든 일이지만 집안 사정에 따라 전혀 불가능한 경우는 아닌 것 같다.

첫 번째 첩, 애소愛燒를 만난 지 꽤 오랜 시간이 지났다. 여전히 우리는 짝을 지어 하늘을 나는 비익조比翼鳥처럼 지낸다. 아내가 며칠 집을 비우면 애소랑 밤늦은 시간까지 아내의 체취가 배어있는 안방에서 사랑을 나눈다. 달콤한 입맞춤을 하며 내가 마지막 숨을 거둘 때까지 함께하는 것은 물론이고, 사후에도 내가 누워 있을 야산의 풀밭에서 일 년에 한 번은 꼭 만나자고 맹세한다.

퇴직하고 등산과 낚시, 컴퓨터 게임을 하면서 세월을 보냈지만 별 재미가 없었다. 애소가 다른 활동을 해보라며 부추겼다. 진득하면서 즐겁게 시간을 보낼 수 있는 뭔가를 찾다가 글을 써 보기로 작정했다. 1년 가까이 여러 가지 잡다한 글을 적어보았으나 진전이 없었다. 애소도 아무런 감응이 없다며 고개를 저었다. 늦은 나이에 문학을 처음부터 공부하기는 힘들지만 글을 짓는 기본과 방법을 배워야겠다는 생각으로 평생교육원의 글쓰기 분야에 등록했다. 거기서 특별한 여자를 만났다.

문우들은 그녀를 '수애隨愛'라고 불렀다. 그녀의 조부가 모든 것을 사랑하고 따르라는 의미로 이름을 지었다고 나중에 들었다. 사교성과 이해심이 많은 그녀를 좋아하는 남자가 제법 많았다. 나도 그녀에게 눈도장을 받고 싶었으나 등단과 출판까지 한 선배 문사들 틈에서 존재감을 드러낸다는 자체가 상당히 어려웠다. "첩이 첩꼴을 못 본다."는 속담처럼 애소의 무서운 얼굴도 떠올랐다. 평소 부드럽고 낭랑한 애소도 독을 품고 악다구니를 퍼부으면 상당히 섬뜩하다.

수애와 가까이 지내고 싶은 욕심을 잠시 접었다. 누구든 주어진 일에 최선을 다하고 어느 정도 인정을 받게 되면, 덩달아 주변에 사람들이 모인다. 그때 수애도 나를 만나러 올 거라고 확신했다. 글쓰기에 재미를 느끼며 밤새 생각하고, 다듬고, 정성을 다한 습작품을 제출했다. 지도교수와 선배들은 자양분이 가득한 거름을 뿌려주면서 나아가야 할 방향을 제시해주었다. 가끔 가슴이 찢어질 듯한 채찍질을 당할 때도 있었으나 하룻밤을 자고 나면 새살이 돋아 나왔다. 인내의 시간을 잘 이겨내면서 등단을 하게 되었지만 수애는 별 반응을 보이지 않았다.

동네 포장집에서 애소와 단둘이 등단 축하주를 마시는 날이었다. 초대도, 생각지도 않았던 수애가 조용히 문을 열고 들어왔다. 길지도 짧지도 않은 중단발머리를 한 수애는 미소를 지으며 애소에게 공손하게 인사를 한 후, 옆 좌석에 앉았다. 갑작스러운 수애의 등장에 반가운 내색을 할 수 없었다. 두 여자가 처음 만나는 순간, 폭풍전야의 고요함 속에 긴장감이 맴돌았다. 혹시 머리끄덩이를 쥐어뜯으며 싸우지나 않을까 걱정하면서 애소를 바라보았다. 애소는 담담한 표정으로 누구인지를 물었다. 뭐라고 둘러댈까 잠시 고민했지만 있는 사실 그대로 말해야겠다고 마음먹었다.

"애소야, 누구보다 너를 사랑하지만 매시간, 매일 너와 함께 할 수는 없잖아. 지루하고 힘들어하는 나에게 새로운 여자를 만나보라고 네가 권하기도 했었지. 그러던 중 삶을 되돌아보며 미래를 설계할 수 있도록 도와주고, 세상의 사물과 대화할 수 있도록 다리를 놓아주는 여자를 만났어. 그녀가 바로 네 옆에 앉아 있는 '수애'란다. 그렇다고 너를 멀리하는 일을 절대 없을 거라고 약속한다." 애소는 알아들었다는 듯 고개를 끄덕이며 수애의 빈 잔에 직접 술을 따라주었다. 우리 셋은 환하게 웃으며 힘차게 잔을 부딪쳤다. 애소와 수애와의 동고동락이 시작되었다.

수애를 만난 지 6년이 지났다. 우리도 다른 커플처럼 같은 색 옷을 입고 함께 수업을 들은 후, 똑같은 메뉴의 점심을 먹는다. 특별히 바쁜 일이 아니면 늘 그녀와 함께한다. 목욕탕과 이발소, 은행과 지하철에, 심지어 처가에 갈 때도 그녀를 데리고 간다. 친구들 모임에 동행하면 늘그막에 참 예쁘고 착한 여자를 만났다고 입에 침이 마르도록 칭찬하면서 부러워한다. 그녀를 만난 게 큰 행운이라 생각하며 어깨를 우쭐거린다. 수애는 점점 나의 자랑스러운 여인이 되어갔다.

수애의 매력은 포용력이 크면서 유식하다는 점이다. 자연의 법칙과 인간사를 꿰뚫고 있어 그녀와 맞수를 두려면 공부를 열심히 해야 한다. 인문학과 예능은 물론이고 맞춤법과 문법, 문장의 구성까지 어느 하나라도 소홀히 할 수 없다. "배우고 때때로 익히면 또한 기쁘지 아니한가."라는 말처럼 그녀에게 멋진 남자로 보이기 위해 새로운 분야에 도전하면서 모르는 단어를 찾고 익히는 즐거움은 세상 무엇과도 비교할 수 없다. 내가 흐뭇한 미소를 지으면 그녀는 감춰 둔 속마음을 슬쩍 드러낸다.

아내는 몸이 먼저 반응하는 애소보다 마음을 앞세우는 수애가 더 좋다고 한다. 큰형님의 전폭적인 지지와 나의 확고한 의지를 확인한 수애가 정변을 일으켰다. 오랫동안 붙박이처럼 자리를 지키고 있는 작은형님을 서서히 끌어내리고 내명부의 품계 중에서 가장 높은 '빈嬪'의 자리에 올랐다. 애소는 불평을 늘어놓았지만 금세 집안 분위기를 파악하고 뒤바뀐 서열을 인정했다. 빈으로 승격한 수애는 종종 나에게 고통과 시련을 안겨주면서 사랑을 확인한다. 나의 건강을 위해 애소를 자주 만나서도 안 되고 새로운 첩을 절대

들여서도 안 된다는 언약을 꼭 지키라고 당부한다.

나는 생각해 본다. 애소도 있고 다른 여자도 많은데, 왜 하필 수애를 만났을까. 가슴속의 아픈 상처를 치유하기 위해, 마음속의 생각을 전달하기 위해, 미약하나마 힘없는 약자를 대변하기 위해, 노년을 즐겁게 보내기 위해 필연적으로 그녀를 만날 수밖에 없었다. 어디 가서 무엇을 하든 그녀를 계속 곁에 두고 지낼 것이다. 피치 못할 사정으로 이별을 고하는 날이 오면 진정 사랑했던 남자로서 수애의 가슴에 내 이름 석 자 새기고 떠날 수 있으면 좋겠다.

오늘은 몇몇 문우들과 술좌석을 가졌다. 두 명의 첩도 동참했다. 기분이 좋아 주량 이상으로 마시고 집으로 왔다. 작은 방으로 들어가 큰대자로 뻗었다. 수애가 좌측에서 나의 생각을, 애소가 우측에서 나의 몸뚱이를 끌어안는다. 嬪과 宮을 함께 품은 행복한 밤이다.

두루미를 날려 보내며

집으로 가는 버스를 기다린다. 버스정보시스템의 '잠시 후 도착' 칸에 내가 탈 버스의 번호가 빨간색으로 선명하게 보인다. 먼저 도착한 버스를 타기 위해 40대로 보이는 아주머니가 바람처럼 달려온다. 급하게 앞문에 오르면서 그녀의 지갑에서 흘러나온 동전 하나가 바닥으로 떼구루루 굴러간다. 문이 닫히면서 버스는 곧바로 출발한다. 나는 잠시 망설이다가 동전을 주워 주머니에 넣고 기다리던 버스를 탄다.

빈자리가 없어도 서서 갈 공간이 충분해서 좋다. 예순이 넘은 중노인에게 자리를 양보해 줄 사람도 없지만 그걸 기대하지도 않는다. 스마트폰에 넋이 빠져있는 학생 옆에 자리를 잡으면 서로 눈치 볼 일이 없어 마음이 편하다. 왼손으로 손잡이를 잡고 다른 손은

바지 주머니 속에 넣는다. 조금 전에 주운 동전이 만져진다. 돈을 잃어버린 사람이 몹시 아쉬워할 거라는 생각이 든다.

동전을 꺼내 앞뒤를 살펴본다.

'이름: 500, 본적: 한국은행, 출생: 1989년'

동전의 나이가 서른둘이다. '이야! 서른둘.' 참 좋을 때다. 내가 그 나이였을 때 막내가 태어났고 큰애는 세 살이었다. 아내는 육아에 전념하기 위해 직장을 그만두었고, 나는 의욕이 넘치는 초보 교사였다. 산복도로 셋방에 살면서 여러모로 고생을 많이 했지만 돌이켜보면 그때가 가장 행복했던 시절이었다.

엷은 미소를 지으며 동전을 몇 번 뒤집어 본다. 동전 앞면에 새 한 마리가 날고 있다. 눈을 크게 뜨고 바라보니 두루미鶴다. 두루미는 '천연기념물 제202호'이면서 '멸종위기 야생생물 1급'으로 지정된 새다. 10원 동전에는 다보탑이, 50원에는 벼 이삭이, 100원에는 이순신 장군이 그려져 있는데, 동전 중에 가장 액수가 큰 500원짜리에는 왜 두루미 형상을 압인했을까.

예로부터 두루미는 선비의 고매한 기품과 기상을 상징하여 문인과 화가들의 작품 주제로 자주 등장한다. 조선 시대 문관들이 착용하는 관복의 흉배에는 학 문양이 새겨져 있다. 장수를 상징하는 십장생에 학이 포함되어 있어 '학수鶴壽를 누린다.'는 말도 사용한다. 두루미는 짝을 찾을 때 서로 마주보고 날개를 펄럭이거나 고개를 끄덕이고 빙빙 도는 행동을 한다. 이런 학의 동작을 모방하여 춤을 추는 학무鶴舞가 『악학궤범』에 소개되어 있다. 부산 지역의 '동래학

춤'도 학무의 일종이다. 여러 가지 상징성과 함축성 때문에 두루미가 500원 동전의 모델로 선정되었을 것이다.

연천에서 군 생활을 하면서 무논이나 호수에서 먹이 활동을 하는 두루미를 여러 번 보았다. 몸통은 흰색, 꼬리와 목은 검은색인데 정수리의 붉은 색과 절묘한 조화를 이룬 단정학의 자태는 매우 우아하다. 그 멋진 모습을 보다가 가끔 농약을 삼키거나 덫에 걸려 허우적거리며 날지 못하는 두루미를 보면 안타까운 마음이 들곤 했다.

새는 날아야 한다. 먹이 활동을 위해, 종족 번식을 위해, 자신의 삶을 위해 날아야 한다. 아무리 힘들고 어려운 역경이 닥칠지라도 미래를 위해 퍼덕거리며 날아올라야 한다. 날개가 있지만 날지 못하는 새도 있다. 달리기를 잘하는 타조와 날개가 화려한 공작새, 알을 잘 낳는 닭이 그런 종류다. 푸른 하늘 대신 대지를 선택한 '주금류'는 날아가는 새를 바라보면서 몹시 부러워할지도 모르겠다. 날고 싶어도 날 수 없는 새는 우리가 바라는 새가 아니다.

꿈을 잊어버리고 사는 새도 있다. 새장이나 동물원에 갇힌 새는 일정한 공간 안에서 날 수는 있지만 아무런 희망이 없다. 인간들의 편의와 행복을 위해 그들을 쇠창살로 가두어 놓고 완상하며 먹이를 준다. 그들은 건전지만 넣으면 움직이는 자동인형에 불과하다. 구속된 새들에게 푸른 하늘로 솟구쳐 오르는 자유를 주어야 한다. 비상하는 새들을 보면서 인간도 언젠가 날 수 있다는 꿈을 꾸었고, 누군가는 새로운 꿈을 꾸고 있다.

우리 주변에도 새장에 갇힌 새처럼 살아가는 사람들이 많다. 20

년 넘게 일하고도 월급 한푼 받지 못한 염전 노예, 시골의 돼지농장에서 일개미처럼 일만 하고 살았던 지적장애인, 인신매매를 당하여 짐승처럼 사는 아이들이나 여성들에 관련된 안타까운 기사들이 이미 언론에 많이 보도되었지만, 아직 우리가 모르는 어딘가에는 딱한 처지에 놓인 사람이 있을 것이다. 사회는 그런 사람들을 찾아내어 그들이 자유를 누리며 인간다운 삶을 살 수 있도록 도와주어야 한다.

집으로 가는 내내 동전 속 두루미 생각이 떠나지 않는다. 두루미를 컴퓨터 옆에 앉혀 두었다. 저금통에 넣을까, 승용차의 동전통에 넣을까 생각도 했지만, 이 동전은 그렇게 할 수 없다. 나에게 500원 가치 이상의 많은 의미를 생각하게 해주었다. 꽃을 보고 정물화를 그리는 화가처럼 나는 동전에 박힌 두루미를 수시로 살펴보면서 글을 쓴다. 그러면서 두루미의 진정한 자유를 위해 고민한다.

어떤 예술가가 사진이나 박제된 두루미를 보고 500원짜리 동전 속 그림을 완성했을 것이다. 그래도 이 두루미는 날개와 다리를 힘껏 펴고 하늘을 막 날아가려는 자세를 취하고 있다. 누군가가 생명력만 불어넣어 준다면 금속 테두리를 박차고 나와 창공을 힘차게 날아갈 것 같다. '그래! 이 글이 완성되는 날, 동전 속에 갇힌 두루미를 하늘로 날려 보내야겠다.' 달포가 지나면서 나름의 글이 완성되었다.

두루미를 주운 지 50일이 되는 날이다. 두루미를 승용차 조수석에 앉혀 황령산으로 향했다. 봉수대가 있는 정상에서 손바닥 위에 동전을 올려놓고 따뜻한 입김을 후후 불어 넣었다. '이제 가거라.

너의 꿈을 향해 어디든지 날아가렴.' 숲이 우거진 산등성이를 향해 동전을 힘차게 날렸다.

반짝거리는 햇살을 받은 은빛 동전에서 하얀 두루미 한 마리가 푸드덕 뛰쳐나와 하늘에 빗금을 그으며 날아오른다. '뚜루루' 두루미 울음소리가 한 줄기 바람을 타고 사라진다. 서른두 해 동안 동전 속에 갇혀 있던 두루미가 제 길을 찾아 날아갔다.

나도 내가 원하는 세상으로 날아갈 수 있으면….

마음을 씻는 비누

거품 목욕을 한다. 얼마 전 거품 목욕이 피부 세정력과 보습 효과에 좋다는 말을 들었다. 입욕제를 풀고 따뜻한 샤워 물로 욕조를 가득 채운 후, 욕조에 누워 눈을 감는다. 어떤 시인이 비누 거품 목욕은 명상이라고 표현한 글귀가 떠오른다. 30분 안팎의 짧은 시간이지만 다양한 생각이나 상상이 거품만큼 피어오른다. 통제 가능한 좁은 공간에 갇혀 생각의 자유를 누리는 것도 행복이다.

초등학교 2학년 때까지 어머니와 누나를 따라 여탕에 갔었다. 평소 목욕을 하지 않아 나의 피부색은 거무스레하다고 생각했었다. 1년에 두 번, 명절에만 가는 목욕탕에 가기 싫어 눈물을 찔끔거리며 끌려갔다. 같은 반 여자아이도 있었고 나보다 더 큰 동네 형도 보였다. 내가 잘 따랐던 옆집 중학생 누나는 나를 보자마자 깜짝 놀라며 수건으로 몸을 가린 채 어디론가 도망을 갔다. 나는 옆집 누나를 찾기 위해 몇 번 두리번거리다가 탕 안으로 들어갔다. 지금 남자아이가 여탕에 들어갈 수 있는 나이는 만 4세까지라고 한다. 세월은 많은 것을 변화시키고 있다.

비슷한 시기였다. 동네 친구가 사발에 담긴 액체를 빨대로 찍어, 후하고 불면 물방울 같은 게 공중으로 날아다녔다. 너무 신기해서 뭐냐고 물었다. 비눗방울이라고 했다. 한 번만 불어보자고 했지만 어림도 없었다. 친구를 뒤따라가며 허공으로 날아다니는 방울을 점프까지 하며 터뜨렸다. 나의 손아귀에서 벗어난 몇 개는 바람을 타고 계속 올라갔다. 높은 곳으로 비상하는 비눗방울을 쳐다보며 나도 하늘을 자유롭게 날 수 있으면 좋겠다는 생각을 했다.

열다섯 살 정도까지 우리 집에서 사용하는 비누는 빨랫비누 한 장이 전부였다. 그 비누로 가족들은 얼굴과 발을 씻었고 누나는 빨래하고 걸레까지 빨았다. 일주일에 한 번 머리를 감고 학교에 갔다. 머리를 감으려고 비누를 잡으면 꾀죄죄한 땟물과 기다란 머리카락이 여기저기 붙어있는 것이 보였다. 그것을 헹구고 뜯어내면서 누나에게 짜증을 많이 부렸다. 20대 중반의 꽃다운 나이에 직장을 다니면서 집안 살림까지 책임졌던 누나에게 이제야 미안하고 고마운 마음이 든다. 그때는 왜 가족들의 희생을 당연한 일로 생각했는지 모르겠다.

고등학교 다닐 때쯤부터 세숫비누로 얼굴을 씻고 머리를 감기 시작했다. 다양한 종류와 기능성을 갖춘 현재의 비누와 비교할 수 없으나 당시에는 최고의 세척력과 향을 가진 귀중한 물품이었다.

그때부터 40년이 지난 지금까지 머리를 감을 때 비누를 사용한다. 비누로 머리를 감으면 샴푸를 사용할 때보다 탈모가 많이 일어난다고 한다. 탈모의 가장 큰 원인은 비누가 아니라 유전이고 아무리 관리를 잘해도 빠질 놈은 빠지게 되어있다. 비누로 온몸을 깨끗하게 씻고 나면 기분이 좋다. 비누 향을 은근히 풍기는 사람을 만나면 정감이 가면서 동질감도 느낀다.

'비누'라는 단어는 더러움을 날려 보낸다는 뜻의 '비루飛陋'에서 유래되었다. 동물의 지방과 나무가 타고 남은 재를 혼합해 사용한 것이 인류 최초의 비누다. 비누의 역사는 길지만, 지금처럼 편리하고 저렴하게 사용할 수 있게 된 것은 200여 년 전, 유럽에서 시작되었다. 이전에 사람들은 자주 씻지 않아 이질과 티푸스 같은 경구 전염병이나 피부병에 시달렸고, 평균수명도 40세 정도였다. 비누는 반세기 만에 유럽인의 수명을 20년 늘린 획기적인 발명품이 되었다. 최근 코로나바이러스의 예방을 위해 마스크 착용과 함께 비누로 손 씻기가 중요시되는 이유이기도 하다.

우리 선조들은 쌀겨, 쌀뜨물, 녹두, 창포, 콩가루 등을 비누로 사용했다. 서양식 비누가 처음 들어왔던 조선 말, 세도가 민씨 집안에서 여러 대감이 비누로 얼굴과 손을 씻어보고 신기하다며 아침을 떨었다. 참석자 중 한 사람이 선물 받은 비누를 와작와작 씹어 먹었다. 그것을 본 대감들은 놀란 표정을 지으면서 왜 비누를 먹느냐며 입방아를 찧었다. 그 사람은 따끔한 일침을 가했다. "여러분은 비누를 가지고 얼굴에 있는 때를 벗기지만 나는 마음의 때를 씻으려고 먹고 있소이다." 좌중에 엄숙한 분위기가 감돌았다. 그분이

독립운동가 월남 이상재 선생이다.

사람들은 겉모습만 예쁘게 꾸미려고 노력한다. 몸을 씻은 후, 거울을 보고 화장을 하면서 많은 시간을 투자한다. 그래도 마음에 들지 않으면 성형으로 얼굴을 뜯어고친다. 나도 한때는 얼굴에 점이 많은 것을 창피하게 여겼다. 피부과에서 레이저 시술로 제거를 했으나 여전히 몇 개는 남아 있다. 친구들은 한 번만 더하면 깨끗해진다고 하지만 더는 손댈 생각이 없다. 얼굴의 점이나 흉터는 내 몸의 일부분이다. 마음속에 찌들어 있는 허영심을 도려내는 병원이 있다면 꼭 방문하고 싶다.

초는 자신의 몸을 태워 세상을 밝게 한다는 의미로 시나 노래 가사에 자주 인용된다. 비누는 자신의 몸을 녹이면서 사람과 옷가지를 깨끗하게 씻어준 후, 흔적도 없이 사라지지만 그런 가치를 언급하는 글이나 가요를 찾기는 어렵다. 자신의 희생을 통하여 이웃과 사회를 빛나게 만드는 사람은 비누처럼 산다고 말할 수 있다. 아무 관련이 없는 사람들을 위해 개인의 목숨과 재산, 명예와 이익을 포기하는 일은 말처럼 쉬운 일이 아니다.

굳이 순국열사나 소방대원의 이야기가 아니더라도 우리 주변에는 존경할 만한 사람이 제법 있다. '코로나19'가 대유행했을 때 자신의 안전을 팽개치고 가장 위험한 지역으로 달려간 의사와 간호사, 아무런 대가 없이 자신보다 어려운 이웃을 묵묵히 돕고 있는 자원봉사자, 자신이 다칠지도 모르는 위험한 사고현장에 뛰어들어 생명을 구한 뒤 말없이 사라지는 일반 시민들. 이들 모두가 다른 사람의 안전과 행복을 위해 자신의 몸을 희생시키는 비누와 같은 존재다.

요즘은 식당이나 헬스장, 당구장이나 공중화장실, 어딜 가든 비누를 쉽게 접할 수 있다. 손을 씻으면서 마음도 씻으라는 의미가 아닌지 모르겠다.

거품 목욕을 끝내고 거울을 본다. 말끔한 겉모습 속에 까만 탐욕의 점이 몇 개 보인다.

우리들의 건망증

영정 앞에서 고인의 명복을 빌었다. 친구들과 상가 음식을 먹으며 이런저런 이야기를 나누던 중, 갑자기 문상객이 몰려왔다. 친구가 허벅지를 쿡쿡 찌르며 나가자고 한다. 일어설 준비를 하면서 자동차 키를 찾았다. 자리 주변과 호주머니에도, 영안실에도, 신발장에도 키가 없다. 아뿔싸, 머리에 뭔가 번쩍하며 떠올랐다. 주차장으로 뛰어갔다. 전조등에 불을 켠 중고차 한 대가 주인을 기다리며 연신 덜덜거리고 있었다.

친구들은 나에게 건망증이라고 말하며 "그런 정신으로 무슨 글을 쓰노?"라는 핀잔을 주었다. 그래도 차를 갖고 온 사실을 잊어버리고 버스나 택시를 타고 집으로 가지 않은 게 천만다행이다.

건망증은 일시적으로 기억하지 못하거나 잊어버리는 자연스러운 노화 현상이지만, 치매는 어떤 기억을 계속해서 또는 영원히 상실하는 뇌 질환이라고 의사들은 구분한다. 건망증이 용량 부족으로 일어난다면 치매는 데이터 손상으로 발생한다는 말이다.

최근 세대를 구분하지 않고 건망증이 번져간다. 주부들은 출산 후 육아 문제로, 3 · 40대 직장인들은 과도한 업무로 인해 기억 장애 현상이 발생한다. 최근에 '젊음(Young)'과 '알츠하이머(Alzheimer)' 두 단어를 합성한 '영츠하이머'라는 신조어가 생겼다. 건망증을 호소하는 청소년들도 증가하고 있다는 말이다. 그 원인은 과도한 스마트폰 사용과 스트레스, 우울증과 과음이라고 한다. 그렇다 하더라도 건망증은 오십을 넘긴 중년들의 인생 고초를 상징하는 대표어라고 말할 수 있다.

컴퓨터 작업을 하다가 허기를 느꼈다. 주방에 가서 남아 있는 김치찌개를 가스레인지에 올려놓고 불을 켰다. 3분쯤 있다가 오면 되겠다는 판단을 하고 다시 자판을 두들겼다. 얼마 후 맛있는 찌개 냄새가 후각을 자극했다. '이야, 배도 고픈데 어느 집에서 맛있는 냄새가….'라고 생각하며 작업을 계속했다. 몇 분 후, 음식이 타는 냄새가 풍겨왔다. '뭐하는데 음식을 태우고, 정신을 어디 두고, 쯧쯧…. 아차! 내, 김치찌개.' 잽싸게 달려가 불을 끄고 냄비 주껑을 열었다. 김치와 돼지고기는 화마의 고통을 버티지 못하고 냄비에 바싹 붙어 새카맣게 타들어 가고 있었다.

건망증으로 어떤 문제가 발생했을 때 혼자만 알고 지나갈 수 있으면 그나마 다행이다. 다른 사람에게 피해를 주었다고 생각하면 재빠른 수습책이 필요하다. 배고픔은 뒷전이고 아내의 잔소리가 떠오른다.

모든 창문을 열고 선풍기를 켜서 환기를 시킨 후, 인터넷으로 '탄 냄비 닦는 법'을 검색했다. 콜라, 소다, 과탄산소다, 베이킹소다, 등을 이용하면 깨끗하게 닦을 수 있다고 블로그마다 자랑이다. 다른 재료는 있는지 없는지 모르겠고 냉장고를 열어보니 콜라가 보인다. 냄비에 콜라를 붓고 한참 끓여 보았지만 시원찮다. 다시 세제를 붓고 철 수세미로 빡빡 문지르자 이번에는 냄비 바닥의 코팅이 벗겨지려고 한다. 욕을 더 먹겠다는 생각에 포기해 버렸다.

요즘 깜박깜박하는 일이 자주 발생한다. 냉장고 문을 열었는데 왜 열었는지 생각이 나지 않아 손잡이만 잡고 한참 동안 서 있기도 하고, 아내에게 보내야 할 카톡을 바쁜 친구에게 보내 욕을 듣기도 하고, 누가 차량이나 핸드폰 번호를 물으면 한참 머뭇거려야 한다. 나이 탓도 있겠지만 한 가지 일에만 너무 몰두한 나머지 마음의 여유가 사라지면서 종합적인 사고력이 떨어진 것이 더 큰 원인이라 나름 진단한다.

믹스커피를 마시며 시장기와 시름을 달래고 있을 때 아내가 돌아왔다. 아내는 고개를 몇 번 갸웃거리더니 낌새를 포착했다. "뭘 태웠어요?"라는 물음에 머쓱한 표정을 지으며 자초지종을 털어놓았다. "아이고, 그만하기 다행이네요. 냄비야 새로 사면 되지만…, 당신도 이제 많이 늙었구려."라는 아내의 말에 가슴이 찡해지면서 35년을 함께한 동지애가 새삼 감격스러웠다. 다음에 아내가 더 큰 실수를 하더라도 핀잔 대신 격려를 해야겠다는 생각을 마음속에 담아두었다.

건망증은 우리 나이에 흔하게 나타나는 현상이라는 것을 강조하기 위해 아직 사업을 하면서 출장을 자주 다니는 친구 이야기를 들려주었다.

"친구가 운전하면서 아내와 함께 처가로 가던 중, 거래처에서 전화가 왔어. 휴게소에 차를 세운 후, 친구는 거래처에 전화하고 아내는 화장실에 갔다네. 통화를 끝낸 친구는 거래처와 상담한 내용만 생각하면서 차를 몰고 고속도로를 한참 달려가다가 아내의 전화를 받았어. 30분을 넘게 가서 다시 돌아와 아내를 만났는데, 그날 죽다가 살아났다고 하더라고."

아내가 빙긋이 웃고는 주방으로 가 라면을 끓여주었다. 라면을 후후 불며 평소보다 더 맛있게 먹으면서 건망증으로 인한 그날의 실수를 무마시켰다.

가스 불을 켜 놓은 채 외출을 했다가 택시를 타고 돌아갔다거나, 돌아가 보니 불을 끄고 나갔더라는 이야기를 여성 문우들에게서 몇 번 들었다. 그때는 허허 웃으며 병원에 가보라고 놀렸지만, 나에게도 가스 불에 대한 트라우마가 생겼다. 이제 음식을 끓이거나 새로 데울 때는 설거지나 다른 주방 일을 하면서, 아니면 아예 주방 근처를 어슬렁거리면서 기다린다. 같은 실수를 반복할 수는 없다.

건망증이 자주 발생하면 스트레스를 많이 받고 있으니 잠깐 쉬어가라는 신호로 받아들여야 한다. 과부하가 걸린 기계가 쉽게 망가지듯이 인간의 뇌도 마찬가지다. 냄비를 태웠던 작은 사건은 나의 생각이나 행동에 적잖은 변화를 가져왔다. 약속이 잡히면 메모

하고 정해진 시간보다 일찍 나가기, 생각날 때 행동하고 준비해서 기다리기, 여행을 다니거나 자주 산책하기, 음악과 미술감상 같은 정서적 활동하기, 등을 실행하여 뇌세포 공간에 여유를 주면서 생활하려고 노력한다.

나이를 먹으면서 자연스럽게 나타나는 현상을 너무 두려워하거나 치매가 왔다고 미리 호들갑을 떨 필요는 없다. 건망증은 우리에게 항상 조심하라는 경고와 함께 즐거운 삶을 살라는 메시지를 던져주어 꼭 나쁜 현상이라고만 말할 수 없다.

요즘 외출하기 전에 가스와 전기, 창문을 확인하는 버릇이 생겼다. 소심하다는 말을 들을지 모르겠지만 밖에 있는 동안 마음은 편하다.

체중요금제

태권도와 권투, 유도와 같은 격투기 종목은 체급별로 시합을 한다. 선수가 시합 전에 신청한 등급의 체중에 미달하거나 초과하면 아예 경기장에 나갈 수 없다. 선수들은 자신의 체급을 유지하기 위해 피나는 노력을 한다. 체중은 사람마다 다르다. 만약 일반인들이 대중교통이나 목욕탕을 이용할 때 체중이나 체급에 따라 요금을 부과한다면 어떨지 생각해 본다. 상상이 현실로 이루어지는 세상이 아닌가.

물품은 무게와 부피에 따라 다양하게 요금이 부과된다. 우체국에서 택배를 보내는 경우 얇은 책을 보낼 때보다 두꺼운 책을 보낼 때 요금은 더 비싸다. 국내외 친인척에게 물건을 보내기 위해 운송회사에 위탁할 때, 종량제를 시행하는 음식물쓰레기를 버릴 때도 무게에 따라 비용을 달리 계산한다. 그만큼 운송 과정에서 인력과 제반 비용이 많이 든다는 이유일 것이다.

사람은 체중에 따른 차별이 없다. 뷔페나 교통수단을 이용할 때 뚱뚱하다고 요금을 더 받지 않는다. 그렇지만 사람의 무게를 무시해서 사고가 일어나는 경우가 종종 발생한다. 승용차나 택시에 예닐곱 명이 타면 정상적으로 달릴 수 없다. 정원을 초과한 시외버스가 커브 길을 돌다가 멈추지 못해 벼랑으로 굴렀다는 뉴스도 가끔 접한다.

전북 부안군의 낚시 명소로 알려진 고슴도치섬, 위도蝟島에 가면 위령탑이 있다. 그 탑에는 안타까운 사연이 기록되어 있다. 1993년 10월 10일, 위도에서 격포항으로 향하던 '서해훼리호'가 침몰해 수많은 인명피해를 입었다. 정원이 221명인 여객선에 무려 141명이나 초과한 362명이 탑승했고, 그중 292명이 사망했다는 내용이다. 선주의 욕심과 선장의 잘못된 판단도 있겠지만 사람의 무게를 무시하고 정원을 초과하여 운행하면 대형 사고가 발생할 수 있다는 교훈을 주는 사건이다.

체중이 많이 나가면 좋은 점보다 불편한 점이 더 많다. 언젠가 급하게 뛰어가 복잡한 엘리베이터에 두 발을 올렸는데 '삐~'하는 경고음이 울렸고, 나무 계단을 내려가는데 내가 발을 디딜 때만 '삐걱삐걱' 소리가 났고, 여수 향일암의 해탈문을 통과하면서 몸을 움츠렸던 기억이 난다. 약간 부끄럽고 황당해서 체중 감량을 해야겠다고 마음을 먹었으나 매번 공염불에 그쳤다.

몸무게가 100㎏에 육박하는 직장 후배 A가 있었다. 동작은 곰처럼 느리지만 마음은 부드럽고 넓어서 특별히 싫어하는 사람이 없었다. 단지 술자리에 가면 안주를 너무 많이 먹어서 가끔 핀잔을 듣기도 했다. 그래도 그는 허허 웃으며 젓가락질을 바쁘게 하다가 어느 정도 배를 채우면 대화에 참여하기 시작했다.

여덟 명이 승용차 두 대에 나누어 타고 낚시 겸 야유회를 간 적이 있었다. 운전은 동료 B와 C가 하게 되었다. B가 A에게 "내 차는 중고차라 네가 타면 차가 한쪽으로 기울고 기름도 많이 닳는다."며 C의 새 차를 타라고 말했다. 그래도 A는 엷은 미소를 지으며 B의 차를 탔고 나도 함께 동승했다. 목적지까지 가면서 차가 A쪽으로 약간 기운 것 같으면서 기름 계기판의 눈금도 평소보다 빨리 떨어지는 것 같은 느낌을 받았다. 무게에 따라 차 기름이 눈에 띄게 소비되는 정도는 아니지만 어느 정도 차이는 분명히 있다.

체중에 따라 차량의 연료 소비량이 다르므로 대중교통을 이용할 때 체중요금제를 실시하여 무게에 따라 요금을 달리 받아야 한다는 생각이다. 이는 사람을 차별하는 것이 아니라 몸무게의 차이를 고려할 따름이다. 버스나 택시에 체중계를 달아 놓고 승객이 타면 몇 kg이 나간다는 안내와 함께 요금을 계산한다. 요금을 kg당 계산할 수도 있고 격투기 선수들처럼 등급별로 계산하는 방법도 있다.

1. 시내버스에서 kg당 요금을 계산하는 방법.

· 20kg 이하는 무료

· 20kg 초과 시 1kg당 30원

20kg이 안 되는 유아들은 무료로 하고 그 이상만 요금을 부과한

다. 시내버스에 설치된 체중계에 두 발을 올리면 자동으로 요금을 계산하여 안내 멘트가 나온다.

'당신의 몸무게는 53kg이므로 요금은 990원입니다.'

'당신의 몸무게는 87.2kg이므로 요금은 2,010원입니다.'

나는 현재 71kg이기 때문에 1,530원을 교통카드로 계산하면 된다.

2. 체급별로 나누어 요금을 계산하는 방법.

20kg 이하는 무료, 30kg 이하 300원, 40kg 이하 600원, 50kg 이하 900원, 등과 같이 부과하여 80kg 이하 1,800원, 90kg 이하 2,100원, 90kg 이상 2,400원으로 요금을 정하고 안내 방송을 한다.

'당신은 50kg 이하 체급이어서 요금은 900원입니다.'

'당신은 90kg 이하 체급이어서 요금은 2,100원입니다.'

네 명의 친구가 가까운 거리를 이동할 때, 시내버스를 타는 것보다 택시를 이용하는 것이 훨씬 저렴하고 편하다. 택시에 체중요금제를 적용한다면 그런 일은 발생하지 않을 것이다. 머지않은 미래에 체중요금제가 시행되면 사람들은 아침을 거르고, 옷을 가볍게 입고, 가방에 꼭 필요한 물건만 넣고 다녀야 한다. 몸무게가 돈이라는 생각에 가까운 거리는 걸어 다니고 스스로 다이어트를 하는 사람이 늘어날 것이다.

체중을 공개한다는 일은 누군가에게 치명적인 사건이다. 달나라에 갔다 오는 이야기가 현실에서 일어나고, 컴퓨터와 인터넷 기능을 갖춘 스마트폰을 들고 다니며 장난감처럼 다룬다. 세상은 우리가 짐작할 수도, 상상할 수도 없을 만큼 빠르고 다양하게 변하고 있다. 체중요금제도 억측이 아닌 현실로 다가올지 모른다. 좋든 싫든 우리는 그 변화에 적응하면서 따라가야만 한다. 우물 안 개구리처럼 울타리를 만들어 놓고 화려했던 과거만 찬송하며 살 수는 없다.

체중요금제와 함께 사람의 마음을 읽고 요금을 계산하는 양심요금제도 실시하면 어떨지 생각해 본다.

얼굴 없는 포수

이만 오천여 명이 떼창을 한다. 오렌지색 봉지를 쓰고 신문지를 흔들며 「부산 갈매기」와 「돌아와요 부산항에」를 합창하고 있다. '세계에서 가장 큰 노래방'이라는 사직야구장의 풍경이다. 연고지 팀, '롯데'가 이기고 있으면 흥이 더 나겠지만 지고 있더라도 개의치 않는다. 신나게 노래 부르고 흔들며 스트레스를 풀고 가면 그만이다. 야구는 내일도, 내년에도 계속된다.

야구보다 축구를 더 좋아했다. 축구는 공만 있으면 어디서든 할 수 있지만 야구는 여러 가지 장비와 일정한 공간이 있어야 가능하다. 초등학교 시절, 학교에 야구부가 있었지만 별 관심이 없었다. 6학년에 진급하면서 야구부원들은 전부 우리 반이 되었고 담임선생님도 야구부 감독을 겸하는 분이었다. 체육 시간에 야구 수업을 자주 하면서 자연스럽게 규칙을 습득할 수 있었다. 그때부터 축구와 야구 중에서 실전은 축구가, 관람은 야구가 훨씬 재미있다고 생각하게 되었다.

무더운 여름, 지루하거나 일이 잘 풀리지 않으면 사직야구장에 간다. 밤하늘을 대낮처럼 밝히는 조명탑, 푸른 잔디와 넓은 관중석을 보면 가슴이 탁 트인다. 선수들이 열심히 치고 달릴 때 온몸을 흔들며 고함을 몇 번 지르고 나면 속이 뻥 뚫리는 기분이다. 내가 주로 앉는 자리는 외야석이다. 선수들을 가까이서 볼 수는 없으나 입장료가 싸고 운이 좋으면 파울볼도 주울 수 있다. 가끔 생면부지의 사람들과 함께 맥주를 마시며 감독과 해설자 역할을 할 때도 있다.

프로야구에서 투수 한 명이 1회부터 경기가 끝나는 9회까지 던지는 경우는 드물다. 시합 중 선발 투수에게 사고가 생기거나 위기가 몰려오면 구원투수로 교체해야 한다. 쉬고 있던 구원투수가 갑자기 마운드에 올라와 정확하게 공을 던지기는 어렵다. 구원투수는 적어도 2 · 30개의 연습 투구를 던지면서 영점조준零點照準을 맞추고 몸 상태를 끌어올려야 한다. 운동장에 나와 연습을 하면 시합 진행에 방해가 되기 때문에 야구장의 좌우 외야석 근처에 있는 '불펜(bullpen)'에서 연습을 해야 한다.

불펜은 연습장의 생김새가 '황소(bull)가 머무는 우리(pen)', 축사畜舍를 닮아서 붙여진 이름이다. 선발을 제외한 중간이나 마무리에 나오는 구원투수들을 모두 '불펜투수'라고 부르는 이유이기도 하다. 카메라가 불펜을 비추면 불펜투수의 얼굴과 동작은 전광판이나 TV 화면에 뚜렷하게 보이지만, 그 공을 받아주는 포수의 얼굴은 나오지 않는다. 앉아 있는 뒷모습만 잠깐 보인다. 카메라가 불펜투수를 향해서만 설치되어 있기 때문이다.

관중석에서조차 얼굴이 잘 보이지 않는 포수, 불펜투수의 공을 전문적으로 받아주는 포수를 '불펜포수'라 한다. 시합 전, 연습 과정에서 주전이나 후보 포수가 투수들의 공을 미리 많이 받으면 기력이 부쳐 시합을 제대로 할 수 없다. 불펜포수는 시합에 나가는 포수의 힘도 아끼고 투수들의 연습 투구도 받아주기 위해 꼭 필요하다.

불펜포수는 프로 선수가 아니다. 구단 직원으로 분류되는 훈련 보조원이다. 연봉이 2천만 원 안팎이어서 일반 선수들과는 비교할 수 없을 만큼 적다. 경기 시작 6시간 전에 출근하여 선수들이 연습할 배팅볼과 망을 준비하고, 연습이 시작되면 선발 투수의 연습 공을, 시합 중에는 불펜투수들의 투구를 하루에 300개 이상 받는다. 시합이 끝나고 선수들이 모두 숙소로 돌아간 다음 더그아웃(선수대기석)과 장비를 정리하고 나서야 퇴근을 하는 것이 그의 임무다.

프로 선수가 되려면 해마다 열리는 프로야구 신인 드래프트에서 지명을 받아야 한다. 천여 명의 신청자 중 지명받을 확률은 10% 정도다. 탈락자들은 아마추어 선수로 남아 야구를 계속하든지 다른 일을 선택하든지 각자의 길을 찾아가야 한다. 그들은 학교를 졸업할 때까지 주전 선수로 활약했다. 10년 넘게 야구를 하면서 프로 선수가 되어 관중들의 환호도 받고, 연봉도 많이 받아 부모님께 효도하는 게 그들의 목표였다. 좀 더 열심히 하지 않은 자신을 원망

하면서 꿈을 접어야 한다.

프로야구 열 개 구단에 삼사십 명 정도 있는 불펜포수들은 지명을 받지 못한 탈락자 출신이다. 그들은 제2의 인생을 시작하고 있다. 20대 전후의 젊은 나이에 실패를 경험했지만 포기하지 않고 다시 일어섰다. 비록 알아주는 사람은 없지만 좋아하는 야구를 계속할 수 있어 행복하다. 힘들고 어려운 일을 묵묵히 수행하면서 즐겁게 생활한다. 투수들이 던지는 연습 공을 '빡빡' 소리 나게 미트질하고 "나이스 볼~ 오늘 공 좋다!"는 힘찬 기합 소리도 질러준다. 투수들의 힘을 북돋우어 팀이 이길 수 있는 분위기를 만들어가기 위해 최선을 다한다.

시합이 끝난 후에는 투수들의 어깨를 두들겨 주며 격려도 아끼지 않는다. 마치 투수들의 부모인 것처럼. 하지만 실제 위로받아야 할 사람은 투수가 아닌 자신들이다. 어쩌면 불펜포수들은 쓰라린 아픔과 고통을 겪으면서 부모가 자식에게 베풀고 감싸주는 희생정신을 빨리 터득했는지도 모른다. 오직 자식을 위해 혼신을 바쳐 봉사하는 부모처럼 불펜포수도 투수를 위해, 팀을 위해 모든 것을 내던진다. 나이가 많아야만 어른이 되는 것도 아니고 꼭 자식을 낳아야만 부모가 되는 것도 아니다.

불펜포수는 시합 중 운동장에 나갈 수 없다. 마스크를 쓴 채 불펜의 철망 사이로 시합 장면을 지켜본다. 소속 팀이나 동기들이 잘했으면 하고 바라는 마음도 있겠지만 운동장에 있는 선수들이 마냥 부러울 뿐이다. 그들도 담장 밖으로 나가 힘껏 치고 달리면서 관중들의 함성과 박수 소리를 듣고 싶은 심정이다. 그래도 팀을 위해 수고한다는 격려와 언젠가 프로 선수가 될지도 모른다는 실낱 같은 희망이 있어 그들은 항상 즐거운 마음으로 출퇴근을 한다.

야구장에 가면 시합이 원만하게 잘 진행되고 즐겁게 관람할 수 있도록 노력하는 조연들이 많다. 기록원과 판독요원, 볼보이와 배트보이, 치어걸과 맥주보이는 물론 불상사에 대비한 경호원들까지 화면을 통해 볼 수 있다. 야구장 내에 있으면서 얼굴을 볼 수 없는 사람은 불펜포수들뿐이다. 그들은 평판이나 인기를 중요하게 생각하지 않는다. 관심과 박수를 받지 못하더라도 자신들이 흘린 땀으로 누군가가 환하게 웃을 수 있으면 만족한다.

보이지 않는 열정과 희생은 언제 무슨 꽃으로 피어날지 아무도 모른다.

섬놈

코로나 사태가 유행한 지 2년이 훌쩍 지났다. 모두가 처음 겪는 재난 탓에 일상에 적잖은 변화가 일어난다. '혼밥, 배달앱, 비대면'이란 낯선 단어에 익숙해지고, '만남, 여행, 야유회'와 같은 낱말의 사용빈도는 줄어드는 추세다. 사회가 '함께'보다 '홀로'를 지향한다. 그렇더라도 보고 싶은 사람 보고, 먹고 싶은 거 먹고, 가고 싶은 곳에 가야 하는 인간의 욕구를 포기하기는 상당히 어렵다.

여유 시간은 많은데 집에만 있어야 하는 현실이 너무 서글프다. 혼자라도 밖으로 나가 무언가를 만들어 비어가는 저장 공간을 보충하고 싶다. 선장 '에이하브'가 흰고래 '모비 딕'을 잡기 위해 광기와 같은 추격을 하듯이 문인은 새로운 글감을, 음악가는 선율을, 화가는 구도를 찾아 돌아다녀야 할 팔자지만 여의치 못하다. 고래를 향해 던진 작살이 빗나가면 어떤가. 마음속 메모지에 한 줄의 글이라도 남길 수 있으면 그만이다. 길을 떠나야 글거리가 생긴다.

산과 바다 여행 중 하나를 선택하라면 주저 없이 바다를 택한다. 바다를 건너면 내가 사랑하고 나를 반기는 섬이 있다. 배를 타고 적게는 5분, 많게는 두세 시간 걸리지만 멀리 갈수록 설렘은 더 커진다. 섬은 단순하게 고기를 잡거나 농사를 지으며 생활하는 작은 육지라고 말한다. 그 자그마한 공간에는 자연의 신비와 섬사람들의 지혜가 고스란히 녹아 있다. 섬에 관한 새로운 풍경과 숨겨진 이야기를 보고 듣는다는 것은 견문의 허기를 채울 수 있는 또 다른 기쁨이 아닐까 생각한다.

섬을 여행하다 보면 생각지도 못한 명물이나 역사 속의 비화祕話를 접하기도 한다. 통영의 욕지도에 가면 화가 이중섭이 피난 시절에 그린 「욕지도의 풍경」을 볼 수 있다. 원본은 아니더라도 이중섭의 가족에 대한 그리움과 마음속의 고뇌를 엿볼 수 있다. 욕지도의 명소, '할매 바리스타'는 팔순이 넘은 할머니들의 따뜻한 정과 사랑이 담긴 커피를 맛볼 수 있는 곳이다.

여수의 거문도는 조선말 고종 때 일어난 '거문도 사건'으로 외국에 '해밀턴항'으로 알려져 있고, 특이하게 영국군 묘지가 있는 섬이다. 거문도 선착장에서 유람선을 타면 섬 전체의 봉우리가 백百 개에서 하나가 모자란다는 '백도白島'를 관람할 수 있다.

전남 보성의 '장도'라는 작은 섬에 가면 허름한 담장에 코끼리 벽화가 그려져 있다. 조선 태종 때 일본에서 선물 받은 코끼리가 자신에게 침을 뱉은 관리인을 밟아 죽였다는 이유로 장도로 유배되었고, 먹을 게 마땅치 않아 아사했다는 기록이 실록에 남아 있다고 한다. 소녀가 앉아 있는 코끼리의 등을 쓰다듬고 있는 벽화에서 이름 모를 화가의 마음을 읽을 수 있다.

섬은 유배지이자 감옥이었다. 남해의 백련마을에서 뱃길 따라 10분 정도 가면 서포 김만중의 마지막 유배지였던 작은 섬 '노도'가 있고, 추사 김정희는 9년 동안 제주도에 유배되었다. 여러 번의 관직과 유배 생활을 반복했던 고산 윤선도는 보길도의 자연 속에서 고단했던 삶을 마무리했다. 그들은 육지와 멀리 떨어진 낯설고 물선 섬에서 외롭고 힘들게 살았으나 현실을 부정하지 않았다. 그저 조정과 백성, 가족들의 안위를 걱정하며 끝까지 내면적인 성찰과 자각을 게을리하지 않았다. 한겨울에 피는 섬마을 동백꽃을 닮은 그들의 기개와 학문에 대한 열정은 존경받아 마땅하다.

형편이 좋아지고 평균수명이 길어지면서 '자발적 유배'를 원하는 일반인들이 늘어나고 있다. 제주도와 울릉도를 비롯한 유 · 무인도의 섬에 힐링보다 거주를 목적으로 이주하려는 사람들의 수가 증가하고 있다고 한다. 복잡한 도시 생활의 불편함, 친구와 가족으로부터 느끼는 소외감을 달래기 위해 색다른 변화와 환경이 필요할 수도 있다. 외로움을 피하려는 노력보다 적극적으로 극복하려는 의지와 행동이 우선되어야 하지 않을까 생각해 본다.

섬이 변하고 있다. 지자체마다 섬의 환경과 분위기를 바꾸어 관광객 유치에 신경을 쓴다. '가고 싶은 섬, 살고 싶은 섬, 환상의 섬, 명품 섬' 등의 별칭을 붙이고, 연륙교를 놓아 불편한 교통을 해소하고, 닷집을 개발하고, 소소한 이야기를 스토리텔링으로 만들어

뭍사람을 유혹한다. 섬을 찾은 방문객들은 자신들의 사진과 멋진 풍경을 카톡과 SNS에 올려 홍보까지 해준다. 섬의 변화와 발전을 반대하는 사람은 그리 많지 않다. 다만 섬이 잠시 놀다가 떠나는 유흥지가 아닌 지친 마음을 달래주는 안식처로 남아 있으면 좋겠다.

거제 장승포 앞바다에 있는 '동백섬 지심도'에 자주 간다. 십오륙 년 전 2월, 지심도에 처음 갔을 때 자연미가 그대로 살아 있어 내겐 머물고 싶은 섬이 되었다. 수십 년 된 동백나무와 동백숲 터널, 빨간 카펫처럼 바닥에 깔린 동백꽃은 여태껏 내 마음을 설레게 한다. 작년 3월 지심도에 가서 깜짝 놀랐다. 동백꽃은 그대로인데 곳곳에 식당과 숙박시설이 들어서 있었다. 게다가 밀려오는 행락객 때문에 장날 시장통을 구경하는 것처럼 떠밀려 발걸음을 옮겨야 했다. 인공이 가미될수록 섬의 고유한 멋과 섬사람들의 순수한 인간미는 떨어진다. 그립고 아쉬운 마음이 교차했다.

옛날 어른들은 '섬놈, 뱃놈'이란 말을 썼다. 예의가 없거나 성질이 급하고, 속이 좁은 사람을 빗대어 사용한 표현이다. 왜, 어디서, 언제부터 그런 용어가 생겨났는지 모르겠지만 얼토당토않은 표현이다. 나에게 섬 출신의 친구들이 몇 명 있지만 모두 착하고 어질어서 어떤 때는 순둥이가 아닌가 하는 생각도 든다.

'놈者'은 '꾼'이란 단어처럼 사람을 낮잡아 이르는 말이지만 어떤 일에 능숙하다는 뜻도 포함되어 있다. 어느 섬이든 무조건 좋아하고 적응을 잘하는 나에게 '섬놈'이라는 별명을 붙여주었으면 좋겠다. 거제도나 통영 출신 친구보다 매물도와 연화도, 외도에 더 자주 가보았고 할 말도 더 많다.

지금까지 서해와 남해, 동해의 섬으로 여행 다니며 다양한 경험을 쌓았다. 위치와 크기에 상관없이 섬을 두루 돌아다녔다. 나는 전생에 섬사람이었는지 모르겠지만 아직 가보지 못한 섬을 늘 동경하며 산다. 섬이 나에게 손짓하고 있는 모습이 눈에 선하다. 조만간 만나러 가야겠다.

'섬島'에는 산과 새가 있고, 그 속에 자유와 행복이 있다.

제 3 부

소박한 대접

냄새에 관한 소고小考

모든 꽃의 향기가 다르듯 사람과 음식에서 풍기는 냄새도 다르다. 개인 취향에 따라 특별히 좋아하는 냄새가 있지만 그 냄새가 항상 좋을 수만은 없다. 가끔 꽃내음과 커피 향이 지겨울 때도 있고 생선 비린내와 청국장의 고린내가 그리울 때도 있다. 남자의 땀내와 여자의 화장 냄새도 그때그때 다르게 느껴진다. 냄새는 분위기에 따라 좌우되기 때문이다.

1. 향수

고교 시절, 성인영화를 몰래 보면서 향수는 누군가를 유혹할 목적으로 뿌리는 이상한 액체라고만 생각했었다. 나이가 들면서 그릇된 선입관은 바뀌었다. 아직 향수를 사 본 적은 없으나 아들의 향수를 살짝 뿌려 본 경험은 몇 번 있다.

관공서에서 업무를 보다가 향긋한 냄새를 풍기는 여자가 가까이 오면 괜히 기분이 좋다. 후각으로 들어온 향수는 몸과 마음을 이상야릇하게 만든다. 곁눈질로 여자의 얼굴을 훔쳐본다. '이 여자가 오늘 나를 위해 향수를 뿌리고 왔나?'라는 망상도 한다. 비록 노망일지라도 향수 냄새로 인해 잠시나마 즐거운 상상을 할 수 있어 좋다.

향수에서 좋은 냄새만 나는 것은 아니다. 은행의 대기석에 앉아 순번을 기다리고 있었다. 잠시 후 40대 초반의 여자가 옆에 앉았다. 이상한 향수가 코를 자극했다. 몇 초도 지나지 않아 내 머리는 깨질 듯 아팠다. 밖으로 나가 시원한 공기를 한참 마신 후에야 정상으로 돌아왔다. 그때는 왜 머리가 아팠는지 모르고 지나갔다.

얼마 전, 문학단체 모임에 참석했다. 행사 시작 전, 작가들이 출판한 새 책을 무료로 나누어 주는 코너로 갔다. 여러 명의 남녀 회원들이 책을 고르던 중이었다. 단정한 복장에 화장을 예쁘게 한 여자가 대열에 합류했다. 갑자기 머리가 띵하면서 아프기 시작했다. '아! 그때 은행에서 맡았던 냄새.' 책 고르는 것을 포기하고 행사장 밖으로 뛰어나갔다. 사람을 고통스럽게 하는 향수, 나에게 맞지 않는 향수가 있다. 아무리 좋은 향기라도 모든 사람이 다 좋아하는 냄새가 아니라는 것을 알았다.

2. 음식

배고픈 자는 음식 냄새에 민감하다. 배부른 자보다 후각이 더 빨리 반응한다. 어린 시절, 가족이 셋방에 살 때였다. 보리밥을 물에 말아 김치와 멸치 반찬으로 혼자 점심을 먹고 있었다. 환상적인 냄새가 풍겨왔다. 주인집 아주머니가 나와 동갑인 아들을 위해 생선을 굽는 중이었다. 자린고비처럼 생선 냄새를 맡으며 평소보다 밥을 많이 먹었다. 그때 고기반찬은 냄새도 맛있다는 것을 느꼈다.

음식 냄새에 관해 특별한 기억이 있다. 졸병 때, 경계 근무를 마치고 내무반으로 가던 중 선임하사를 만났다. 그는 열심히 하라며 들고 있던 단팥빵 하나를 주고 갔다. '야, 이 맛있는 빵. 근데, 어디 가서 몰래 먹지? 아! 화장실' 내무반 뒤편에 있는 재래식 화장실로 달려갔다. 헬멧을 총 위에 걸어놓고 편안하게 앉아 우걱우걱 씹어 먹었다. 바닥에서, 빵에서 나는 향긋한 냄새는 나에게 두 배의 기쁨을 주었다. 냄새는 상황에 따라 다르게 느낄 수 있다는 것을 체험했다.

나이가 들면 냄새의 취향이 바뀐다. 나도 예외가 아니다. 50대 초반까지 암모니아 냄새가 코를 찌르는 홍어를 싫어했다. 어느 날 친구를 따라 홍어집에 갔다. 술집의 문을 열자 숨이 턱 막혔다. 홍어삼합과 무침, 전이 안주로 나왔다. 애주가의 자부심과 친구의 성의를 생각해서 꾹 참고 홍어의 다양한 요리를 처음 경험했다. 일주일이 지났다. 이상하게 홍어 냄새가 몹시 그리웠다. 친구에게 연락해서 다시 그 집을 찾아갔다. 지금 그 친구를 만나면 내가 단골로 정해 놓은 홍어 전문점으로 간다. 젊었을 때 싫어했던 과메기와 청국장도 지금은 없어서 못 먹을 형편이다.

3. 사람

지금까지 많은 사람을 만났다. 그중에 좋은 향기를 풍기는 사람이 있는 반면에 마주보고 대화하기가 불편한 사람도 있다. 특히 분위기와 관계없이 자기 이야기만 하거나 말을 중간에 자르는 사람, 혈액형과 태어난 띠를 갖고 사람의 성격이나 운명을 말하는 사람, 아무도 원하지 않는 정치 이야기로 목청을 돋우는 사람을 싫어한다. 나도 인간인지라 만나고 싶은 사람과 그렇지 않은 사람을 마음속으로 구분한다. 음식을 골고루 먹어야 하듯 사람을 두루 원만하게 만나야 하는데, 그게 참 어렵다.

사람마다 고유한 냄새가 있다. 그 냄새는 후각으로 맡을 수 없고, 상대의 언행을 보고 마음으로 판단해야 한다. 양복을 입은 젊은이가 폐휴지를 가득 싣고 힘들게 오르막길을 오르는 노인의 리어카를 끝까지 밀어주는 장면을 한참 바라본 적이 있다. 콧날이 찡해지면서 발걸음이 사뿐거렸다. 친절과 겸손, 따뜻한 마음을 겸비한 사람을 만나면 인품이 느껴진다. 인품은 사람의 됨됨이를 판단할 수 있는 사람 냄새다.

'사람 냄새를 맡으려면 시장에 가라.'는 말을 들은 적 있다. 시장에 가면 밥내와 기름내, 갯내와 풋내 등의 온갖 냄새가 풍기지만 그중 백미白眉는 사람 사는 냄새다. 번잡하고 소란한 시장통에는 따뜻한 마음과 정이 넘쳐흐른다. 우울하고 외로울 때 시장을 한 바퀴 돌고 나면 최고의 보약을 먹은 것 같아 힘이 절로 솟는다. 사람을 만나면 즐겁고 기분이 좋아야 한다.

얼굴에서 눈만 크고 예쁘다고 미남 미녀가 될 수 없다. 이목구비가 함께 번듯하면서 조화를 이루어야 미모가 출중하다고 말한다. 좋은 향수 냄새를 풍긴다고 인간미가 넘쳐흐른다는 말을 하지 않는다. 내면의 인간다운 향기와 외면의 은은한 향수 냄새가 조화를 이루는 사람, 그 사람이 만나고 싶은 사람이 아닐까 생각한다.

사람 냄새가 꽃밭의 향기처럼 은은하게 온 동네로 퍼져 나갔으면 좋겠다.

고등어

가게마다 인산인해다. 상인들의 손놀림과 손님들의 발걸음이 분주하다. 가격을 흥정하고 덤을 챙기려는 소리가 정겹게 들린다. 이곳 '기장시장'에는 인근 해녀들이나 어부들이 직접 잡은 해산물이 많이 거래되고 있다. 특히 전어와 갈치, 대게와 고등어가 제철을 맞으면 시장통은 발 디딜 틈조차 없다.

가끔 광안리를 출발점으로 해운대와 송정을 거쳐 일광해수욕장까지, 약 30㎞의 해안가를 따라 드라이브를 간다. 차창 사이로 밀려오는 바닷바람으로 기분을 전환한 후, 돌아오는 길에 들르는 기장시장은 당일 외출의 마지막 코스다. 시장에서 무엇을 사야겠다고 마음먹은 찬거리가 없어도 이것저것 구경하면서 한 바퀴 돌고 오면 더 열심히 살아야겠다는 의욕이 생긴다.

주말의 시장은 입구부터 북적거린다. 멀찍이 간판만 보이는 생선가게는 점포를 뱅 에워싸고 줄까지 길게 선 행렬 때문에 무엇을 파는지 알 수가 없다. 미꾸라지가 무성한 수초를 빠져나가듯 요리조리 몸을 움직여 가게 앞에 다다랐다.

'우와! 고등어다.'

높이 1m 정도의 대야 세 개에 어른 팔뚝만 한 싱싱한 고등어가 가득하다. 어부 출신인 듯한 50대 남자가 콧노래를 흥얼거리며 고등어를 손질한다. 칼 솜씨가 예사롭지 않다. 찌개용은 토막을 내고, 구이용은 배를 가르고 뼈를 추린 후, 수돗물에 씻어 소금을 뿌린 다음 봉지에 담아준다. 30분 넘게 기다렸다가 고등어가 담긴 까만 봉지를 들고 가는 손님들의 표정에서 만족감과 행복감이 넘쳐흐른다. 갑자기 고등어 요리를 먹고 싶은 마음에 뒤로 가서 줄을 섰다.

순서를 기다리며 지금 도마 위에서 난도질을 당하고 있는 고등어의 삶을 추적해 본다. 내가 조금 전 드라이브를 하면서 즐거움을 만끽했듯이 그들도 태평양과 한반도의 푸른 바다를 힘차게 헤엄쳐 다니면서 자유를 마음껏 누렸다. 생존과 종족 번식이라는 의지를 이루기 위해 열심히 살았다. 해수면 가까이 살면서 하늘에서 날아오는 새떼들의 공습을 피할 수 있도록 등 부분은 바다색과 비슷한 푸른색으로, 바닷속 포식자가 올려다보면 수면의 색과 같아 보이도록 배 부분은 흰색으로 변신했다. 그런 안전장치에 의지하여 계절을 따라 이동하는 유목민처럼 생활한다.

약자들의 소망이 강자들에 의해 쉽게 무너지듯이 고등어도 약육

강식의 법칙을 벗어날 수 없다. 어군탐지선 한 척과 그물배라 부르는 본선 두 척, 운반선 두 척으로 구성된 대형선망어업의 합동작전에 걸려든 수천 마리의 고등어 부족은 하루아침에 모든 걸 접어야만 한다. 혹시나 하는 생각으로 급하게 탈출을 시도해 보지만 어림도 없다. 진공청소기처럼 생긴 '피시 펌프(fish pump)'는 순식간에 빨아들인 고등어와 바닷물을 운반선의 냉동 창고로 뱉어낸다. 그것으로 끝이다.

뭍에 올라온 고등어는 낯설고 물선 어시장에서 제2의 삶을 출발한다. 선별된 고등어들이 땅 멀미를 한 듯 생선 궤짝에 아무렇게나 널브러져 있다. 냉동차에 실려 서울로 가든, 식품 공장의 깡통에 들어가 통조림이 되든, 동네 싸구려 포장집의 안주가 되든 선택권도, 의미도 없다. 고향 냄새가 물씬 풍기는 소금과 시원한 얼음이라도 듬뿍 뿌려주길 바랄 뿐이다.

나의 차례가 왔다. 고등어의 두 번째 죽음을 목격하는 손님들은 숙연한 표정이지만 주인은 관람객이 많아 신이 났고, 그의 아내는 들어오는 돈을 주체할 수 없어 웃음꽃이 만발했다. 시퍼렇게 날이 선 칼을 들고 단박에 대가리를 내려치는 주인이 망나니처럼 보인다. 골발骨拔작업을 당하는 고등어는 하얀 수증기와 비린내, 피를 뿜어내며 참수형을 연출한다. 온몸이 토막 나는 고통을 운명으로 받아들인 고등어는 꼬리조차 흔들림이 없다. 주검의 경험에서 나오는 품위와 의연함이 돋보인다.

작년, 고등어는 오징어와 갈치를 밀어내고 '국민 생선'의 반열에 올랐지만, 또 다른 아픔이 있다. 고등어는 등이 높다고 붙여진 이름이다. 정약전은 파란 무늬 생선을 보고 「자산어보」에 '벽문어碧紋漁'로, 「동국여지승람」에는 칼 모양과 같다 해서 '고도어高刀漁'라는 호칭을 부여했지만, 현재 '고등'이란 2음절의 한자 표기는 없다. "역사를 잊어버린 민족에게는 미래가 없다."는 말처럼 호적을 잊어버린 고등어의 미래가 오징어처럼 어획량이 줄어들고, 명태처럼 씨가 마르지는 않을까 걱정이다.

집에 도착하여 고등어를 한 번 더 씻은 후 조림을 준비한다. 고등어의 마지막 주검을 직접 거두어들여야 한다. 경건하게 보내주고 싶다. 폭신한 무를 바닥에 깔고 고등어를 조심스럽게 넣는다. 대파와 양파, 홍고추를 예쁘게 썰어 꽃가루처럼 뿌리고, 붉은 양념장을 만들어 마지막 화장을 시킨다. 가스 불을 중간쯤에 조절해 놓고 조용히 기다린다. 지금까지 아무 불평 없이 죽음을 받아들였던 고등어가 바글바글 소리까지 내며 최후의 눈물을 흘린다.

고등어로 만든 조림과 찌개, 구이는 누가 하든 다 맛있다. 어머니가 만들어준 고등어조림은 굶주림을 달래주었고, 누나가 끓여준 찌개에는 막냇동생에 대한 사랑이 있었고, 최루탄 가스와 곤봉을 피해 숨어들었던 포장집 할머니의 고갈비에는 청춘과 우정이 있었다. 아내는 자반고등어를 구우면서 가족의 건강과 자식들의 성공을 기원했고, 지금 내가 끓이는 요리에는 고등어에 대한 연민의 정을 고명으로 올렸다.

고등어는 남녀노소 누구나 좋아하는 생선이다. 언제 어디서나 부담 없이 접할 수 있고, 맛 또한 예나 지금이나 변함이 없다. 고등어처럼 한결같은 친구가 한 명이라도 있으면 세상의 삶도 그렇게 팍팍하지만은 않을 것이다.

예쁜 접시 위에 마지막 남은 그들의 분신에서 환영幻影이 보인다. 저 멀리 태평양에서 힘차게 헤엄쳐 오고 있는 '高等魚'에게 경의를 표한다.

고명

부글부글 끓는 국수를 건져낸다. 찬물로 목욕재계한 면발은 매콤새콤한 양념장과 격렬하게 몸을 섞어 비빔국수로 재탄생한다. 송송 썬 오이와 고소한 깨소금이 축하의 꽃가루처럼 뿌려진다. 완숙된 달걀 반쪽이 환한 미소를 지으며 깨소금 위에 앉는다. 특별한 대가 없이 최고 상석을 차지한 미안함보다 음식을 예쁘고 맛있게 완성했다는 자신감이 넘쳐흐른다.

"나를 살게 하는 것은 충분한 음식이지, 훌륭한 말이 아니다."라는 격언처럼 인간의 삶에서 먹는 것은 무엇보다 중요하다. 굶주림에서 벗어나야만 희로애락의 철학을 말할 수 있다. 생활의 여유가 생기면서 '충분한'보다 '맛있는' 먹거리를 원했다. 맛을 돋우는 양념을 획득할 목적으로 유럽에서는 후추로 인한 향료전쟁이 벌어졌고, 여러 국가에서는 소금을 쟁취하기 위해 많은 희생을 감수해야만 했다. 양념은 사람들의 미각을 한층 더 업그레이드시켰고, 색다른 맛을 내기 위해 지금도 계속 진화하고 있다.

맛있는 음식을 만들기 위해서는 양념 못지않게 중요한 고명을 잘 활용해야 한다. 양념이 음식을 조리하는 과정에서 여러 가지 맛을 가미하기 위해 넣는 재료라면, 고명은 시각적 효과에 중점을 두어 완성된 음식 위에 얹거나 뿌리는 재료를 통틀어 이르는 말이다. 고명은 재료의 모양과 색깔, 특성을 잘 활용해야 한다. 번철에 부치거나 생으로 올리기도 하지만, 사각형, 마름모, 꽃 모양 등으로 잘게 썰거나 가루로 만들어 음식 위에 얹기도 한다.

모든 식재료가 고명이 될 수는 없다. 미나리, 파, 버섯, 지단, 실고추, 대추, 밤, 잣가루, 깨소금, 은행처럼 가공된 색이 아닌 순수한 청靑 백白 적赤 흑黑 황黃의 색깔을 띤 자연의 재료만 고명으로 이용된다. 이 다섯 가지 색을 동서남북과 중앙을 나타내는 '오방색五方色'이라 부른다. 악귀를 몰아내는 오방색은 예로부터 옷이나 장신구, 공예품, 음식을 만드는 데 다양하게 이용되었다. 전통요리 전문가들은 오방색이 사람의 신체기관과도 연관되어 있어 음식을 통해 건강을 지키고 질병을 치료할 수 있다는 생각으로 음식의 색조를 맞추는 일을 아주 중요하게 여기고 있다.

"보기 좋은 떡이 먹기도 좋다."는 속담은 때깔이 고운 음식이 더 맛깔스럽게 보인다는 말이다. 국내외 항공사들이 기내식으로 제공하고 있는 비빔밥을 '화반花飯'이라 부르는 것처럼 음식에 고명이 더해지면 꽃을 올려놓은 느낌을 준다. 정성스럽게 만들어진 음식은 식사 분위기를 우아하게 만들어 사람들의 식욕을 높이기도 한다. 게다가 고명이 올려져 있으면 이 음식은 아무도 손대지 않았다는 표시도 된다. 이런 의미에서 아들만 있는 집안의 곱고 귀한 딸을 '고명딸'이라 부른다.

모처럼 가족이 다 모인 새해 첫날, 떡국을 끓여 먹기로 했다. 시간이 오래 걸리는 고명을 먼저 만든다. 달걀노른자와 흰자를 분리해서 지단을 만들고, 잘게 썬 소고기를 프라이팬에 볶고, 김을 조심스럽게 구워 준비하는 일이 만만치 않다. 조금 힘들고 지루하더라도 가족의 건강을 위해 참고 견뎌야 한다. 완성된 떡국 위에 고명을 정성스럽고 소담스럽게 얹어 식탁에 올린다. 가족들이 환한 표정을 지으며 맛있게 먹는 모습을 보면 말할 수 없는 뿌듯함을 느낀다. 아무리 힘든 일이라도 결과에서 만족과 보람을 느낄 수 있다면 무엇이든 즐겁게 할 수 있다.

내가 먹어 본 비빔밥 중에 가장 맛있었던 음식은 어머니의 비빔밥이다. 차례나 제사를 지낸 후 어머니는 여러 가지 나물과 밥을 커다란 양푼에 넣고, 고추장과 참기름을 섞어 비빈 후 먹고 싶은 희망자를 물었다. 나는 매번 손을 들었다. 잠시 후 어머니는 대접에 가득 담은 비빔밥 위에 먹기 좋게 발라낸 흰 생선 살 몇 점을 고명으로 얹어주었다. 비빔밥의 매콤달콤한 맛과 생선의 짭조름한 맛이 입안을 가득 채우면 밥도둑이 따로 없다는 생각이 들곤 했다. 지금도 집안의 행사가 끝나면 가끔 형수나 아내가 어머니의 비빔밥을 만들어 주지만 옛 맛을 느낄 수 없다.

언젠가 『김소운의 수필 선집』에서 「가난한 날의 행복」이란 수필을 읽었다. 그 작품에 나오는 '가난한 신혼부부 이야기'는 아직도 기억에 생생하게 남아 있다.

쌀이 없어 아침을 먹지 못하고 출근한 아내를 위해 실직한 남편은 어렵게 쌀을 구해 점심상을 준비했다. 따뜻한 밥 한 그릇에 반찬은 간장 한 종지밖에 없었다. 남편은 초라한 밥상을 대할 아내를 생각하며 "왕후의 밥, 걸인의 찬"이라 적은 쪽지를 상 위에 올려놓고 외출을 했다. 남편의 마음이 담긴 쪽지를 본 아내는 왕후가 된 것보다 더 가슴 뿌듯한 행복감을 느끼며 즐겁게 식사를 했다.

아내에 대한 진실한 사랑이 담긴 남편의 마음은 어떤 식재료와 비교할 수 없는 맛과 정성이 가득한 최고의 고명이다.

"빛 좋은 개살구" "속 빈 강정" 이라는 속담이 있다. 겉보기에는 먹음직스러운 빛깔과 모양을 띠고 있지만 맛이나 실속이 없는 경우에 사용하는 말이다. 식당에서 맛나게 보이는 음식 모형이나 사진을 보고 주문한 후, 실제 음식을 먹고 실망한 경우, 고명은 맛깔스럽게 보이는데 전체적인 음식 맛이 별로인 경우를 가끔 경험한다. 음식에 속고 낙심하면 좌절감과 배신감이 오래 남는다. 눈으로 보는 즐거움이 먹는 즐거움으로 연결될 수 있도록 겉과 속을 똑같이 중시해야 한다. 맛있는 음식을 먹는 행복감도 오랫동안 기억된다.

고명으로 올려진 재료들은 자신의 색깔과 향만 내세우지 않는다. 이미 만들어진 음식과 조화를 잘 이루어 전체적인 맛과 멋을 돋보이게 한다. 음식이 그렇듯 사회도 마찬가지다. 고명처럼 높은 자리에 올라가기를 꿈꾸는 사람은 구성원들이 품고 있는 생각에 함께 젖어 들어야만 진정한 지도자로 우뚝 설 수 있다. 맛있는 음식처럼 모두가 같은 방향으로 더불어 나아갈 때 살맛나는 세상이 만들어진다.

비빔국수와 상석에 앉아 있는 반달 모양의 달걀이 어우러져 한결 더 맛을 낸다면 비빔국수는 비단이 되고 고명은 꽃이 되어 '금상첨화'라는 작품이 완성된다.

해감

TV에서 갯벌의 먹거리 체험과 관련된 방송을 한다. 벌교에 여행 가서 다양한 꼬막 요리를 먹었던 기억이 떠오른다. 전국에서 생산되는 꼬막 중 벌교산이 최고로 대접받는다. 인근 고흥반도와 여수반도가 감싸는 벌교 앞바다의 여자만汝自灣 갯벌은 모래가 섞이지 않고 오염도 되지 않아 꼬막 서식지로는 최적이라고 한다. 여자만의 갯벌은 생명의 땅이고, 꼬막은 생존을 위한 식량이다.

오래전부터 꼬막 채취는 여자들의 몫이다. 길이 2m, 폭 50㎝ 정도의 널빤지로 만든 널배를 타고 갯벌을 샅샅이 훑어야 한다. 배라고는 하지만 동력이 없어 갯벌에서만 사용할 수 있는 일종의 갯벌용 스키라고 할 수 있다. 왼쪽 무릎을 꿇은 채 널배 위에 올려진 플라스틱 양동이에 가슴을 기대고 엎드려 작업한다. 오른발로 갯벌을 밀어 이동하면서 양손으로 꼬막을 캐내어 그물망에 담는다. 갯벌에서 이동하는 모습을 멀리서 보면 마치 활주로 위에서 천천히 움직이는 경비행기처럼 보인다.

꼬막 요리를 할 때 가장 중요한 것 중 하나가 해감이다. 해감은 흙과 유기물이 바닷물에 썩어 생기는 냄새나는 찌꺼기나 그것을 뱉어내게 하는 과정을 말한다. 꼬막의 이물질을 제거하는 방법은 개인마다 약간의 차이는 있으나 소금물에 담가 검은 비닐봉지로 덮어준 후, 서너 시간이 지난 다음 끓는 물에 데치는 게 일반적이다. 꼬막이 자연스럽게 찌꺼기를 토해내도록 하고 먹기 좋게 익히기 위해서다. 알맞은 시간과 화력으로 해감을 깔끔하게 잘해야만 통통하고 쫄깃한 꼬막의 식감을 즐길 수 있다.

꼬막 속에는 살과 이물질만 있는 게 아니라 꼬막을 채취한 여인네들의 응어리도 스며들어 있다. 시집을 오자마자 갯벌로 나가 칼바람을 맞으며 몇 시간을 널배에 엎드려 작업하는 고통, 나는 힘들어도 자식들은 성공해서 잘살아야 한다는 어머니의 마음, 더 따뜻하고 넓은 집을 장만하기 위한 인내와 끈기가 갯벌과 꼬막 속에 배어 있다. 그 여인네들의 멍울을 풀어주기 위해서는 고사를 지내듯 정성을 다해 해감해야 한다. 요리할 때 재료의 소중함과 농어민들의 노고를 생각할수록 더 맛깔스럽고 먹음직스러운 음식을 만들 수 있다.

해감과 관련된 음식을 좋아하는 편이다. 큰처남이 사는 하동에 가면 재첩국과 재첩회무침을, 친구가 농사짓는 청도에 가면 추어탕을, 혼자 점심을 해결하기 위해 중국집에 가면 홍합짬뽕을, 육류

보다 조개류가 들어간 된장찌개를 즐겨 먹는다. 애주가의 몸속에 흐르고 있는 알코올 기운에 시원하고 얼큰한 국물을 섞어서 정신적 균형을 잡으려는 본능인지도 모르겠다. 해감이 깔끔하게 되지 않은 음식을 먹으면 종일 몸 상태가 좋지 않고 기분도 왠지 찜찜하다.

해감은 예나 지금이나 빈부귀천을 가리지 않는 중요한 요리 과정이다. 해감을 어설프게 했다가 처벌받은 요리사도 있다. 즐겨 보았던 드라마 「대장금」의 내용과는 달리 수라간의 나인들은 식재료 준비와 수라상 운반 등의 보조업무를 맡았다. 사옹원司饔院의 진귀한 요리는 '숙수熟手'라는 천민 출신의 남자 요리사들이 대부분 만들었다. 1903년, 대령숙수들이 만든 홍합 요리를 고종이 먹다가 이가 부러졌다. 그로 인해 네 명의 숙수가 곤장을 심하게 맞았다는 사실이 기록으로 남아 있다고 한다. 일을 더 잘하려고 신경을 쓰다 보면 간혹 실수할 때가 있다.

해감은 조개류가 평소 몸속에 쌓아온 노폐물을 토해내는 과정으로 일종의 '자기정화自己淨化'라고 할 수 있다. 사람들은 외모를 예쁘게 꾸미기 위해 신경을 많이 쓰지만, 마음속에 축적된 앙금이나 응어리 같은 불순물을 제거하여 정신적 안정을 찾으려는 노력은 하지 않는다. 마음이 정화되어야 일상이 편하고 외모도 밝아진다. 어쩌면 해감은 조개류보다 사람에게 더 필요하지 아닐까 생각해 본다.

감정의 응어리가 쌓이면 속병으로 남는다. 얼마 되지도 않은 재산 상속 문제로 형과 소원하게 지낸 적이 있다. 어머니가 돌아가시면 유산은 넉넉지 못한 형편으로 병든 어머니를 지극정성으로 모신 형의 몫이라고 생각했었다. 막상 어머니의 임종이 다가오자 나도 똑같은 자식이고 어머니를 위해 할 만큼 했다는 생각으로 재물에 눈이 멀었었다. 장례를 끝내고, 마치 남인 것처럼 형과 옥신각신했다. 냉전의 시간이 두어 달 지나면서 형에게 죄송한 마음이 들었다. 당장 찾아가 사죄하고 싶었으나 용기가 나지 않았다. 시간이 갈수록 근심과 걱정이 쌓이면서 병이 날 것 같았다.

더는 참을 수 없어 밤늦게 형이 사는 동네로 차를 몰고 가 포장집에서 형을 만났다. 형수와 조카들에게 민망스러워 차마 집으로 찾아갈 수 없었다. 떨리는 손으로 형에게 소주잔을 권하며 눈물로 사죄했다. 형은 이해한다며 나의 등을 몇 번 쓸어주었다. 우리 가족이 힘들게 살았던 시절과 부모님에 관한 이야기를 상기시키며 함께 눈시울을 붉히기도 했다. 두 시간 넘게 술을 마신 후 형의 집으로 가서 함께 잠을 잤다. 아침에 형수는 시원한 홍합탕을 끓여주었다. 응어리를 해감하듯 말끔하게 씻어낸 후, 이제 이전처럼 허물없이 잘 지낸다.

요즘 몇몇 사람의 욕심과 야욕으로 가슴에 상처를 입은 사람들에 관한 뉴스를 자주 듣는다. 경찰의 고문에 의한 허위 자백으로 21년간 억울한 옥살이를 한 평범한 시민, 유명 연예인이나 스포츠 선수에게 학창시절 폭행이나 금품갈취를 당했다는 선량한 젊은이, 특별한 이유도 없이 하인이나 머슴처럼 취급받는 아파트 경비원들의 마음속에는 얼마나 많은 응어리가 쌓여있을까. 그 종양은 물질적인 보상이나 수술로 제거되지 않는다. 스스로 토해내고 다음을 정화하기도 매우 힘든 일이고 모든 시간을 원점으로 되돌릴 수도 없다.

우리 사회와 이웃이 그들을 따뜻하게 보듬어주고 토닥거려 주어야 한다. 꼬막처럼 완벽하게 해감하기는 어렵더라도 가슴에 맺힌 한을 조금이나마 덜어내 주기를 바라는 마음이다. 해감하는 과정이 개인마다 다르듯 마음속에 사무친 응어리와 앙금을 풀 수 있는 특별한 방법을 각자 나름대로 하나씩 갖고 있으면 좋겠다.

상처를 받고 싶지 않으면 주어서도 안 된다.

밥情

'식사하셨어요?'

흔하게 쓰는 인사말 중 하나다. 그 물음에는 약탈과 침략으로 얼룩진 우리 민족의 아픈 역사와 서민들의 한이 스며있다. 밥 한끼 먹으려고 누구는 소처럼 일하고, 어떤 사람은 강아지처럼 구걸했다. 몇몇은 눈밭에 갇힌 야생동물처럼 굶기를 밥 먹듯 했다. 식사에 관한 인사말에는 너는 어떻게 한끼를 무사히 해결했는지에 대한 걱정과 배려하는 마음이 담겨있다. 밥은 생존과 안부를 묻기 위한 필수조건이다.

'밥'이라는 단음절을 사용하여 서로의 마음을 전달하기도 한다. '나중에 밥 한번 살게. 밥심으로 산다. 한솥밥 먹는다. 밥값은 해야지. 그 나물에 그 밥. 콩밥 먹고 싶어. 그 사람 밥맛이야. 차려진 밥상에 숟가락만 얹는다. 밥만 먹고 사나.' 밥을 먹으며 대화를 나누다 보면 표정만으로 서로의 생각과 고민을 공유할 수 있다. 과거를 반성하고, 현재를 의논하고 미래의 방향을 설정하는 자리이기도 하다. 밥은 우리의 생활이자 문화 그 자체다.

'밥은 먹었나?'

어머니에게서 너무 자주 들었던 말이다. 통화하거나 얼굴만 보면 '밥 밥 밥' 하던 말이 얼마나 지루하고 짜증났는지 모른다. 그 말 속에 아들의 가정과 직장, 사회생활을 걱정하는 사랑이 녹아들어 있다는 사실을 어머니가 돌아가신 후에야 알았다. 자식이 밥 잘 챙겨 먹고 건강하게 일상생활하는 모습을 보는 것이 당신 삶의 가장 큰 기쁨이었고 희망이었다. 어머니가 자식의 식사를 걱정하는 이유는 제때제때 챙겨 먹고 힘든 세상살이에 잘 적응하기를 바라는 마음과 정情 때문이다.

'밥 먹자.'

퇴직하고 5년 동안 집안의 먹거리를 책임지면서 자식들에게 했던 말이다. 지금은 따로 사는 아들 둘이 그때는 대학생이었다. 식성이 좋은 자식들에게 신선하고 좋은 음식을 먹이기 위해 인근 시장과 마트를 발바닥에 불이 날 정도로 바쁘게 다녔다. 힘은 들었으나 애들이 잘 먹는 모습을 보면서 뿌듯함을 느꼈고 더 맛있는 밥과 반찬을 만들기 위해 열과 성을 다했다. 요리사는 레시피를 몰라도 정성으로 요리하는 만큼 먹는 사람은 맛이 아닌 감사의 마음으로 먹어야 한다. 그 정성과 마음이 하나가 되면 '밥정(밥情)'이라는 울타리가 만들어진다.

얼마 전, 2020년에 개봉한 영화 〈밥정〉을 보았다. 2021년 6월, 65세 나이에 심장마비로 세상을 떠난 '임지호 셰프'의 일생을 본인이 직접 주연으로 출연하고 '박혜령' 감독이 제작한 다큐멘터리 영화다. 자연 요리 전문가로 알려진 임지호 선생은 UN을 비롯한 세계 각국의 중요 행사에 초청받아 요리 퍼포먼스를 선보였다. 정상회담의 대통령 만찬에도 참여하여 한국의 맛을 널리 알린 독보적인 음식 문화 외교관이었다.

TV의 음식 관련 프로그램에 출연하고 강화도에서 본인의 요리 철학이 담긴 한식당 '산당山堂'을 운영하기도 했다. 사람들은 '임지호'라는 이름을 들으면 '방랑식객'이란 단어를 제일 먼저 떠올린다. 그는 일식점과 중식점, 한식점에서 도제식으로 요리를 배우다가 새로운 식재료를 찾아 40년간 전국 곳곳을 돌아다녔고, 처음 접한 식재료를 이용해 무엇을 만들지 고민과 연구를 거듭했다. 자신만의 요리, 자연 친화적인 요리를 선보이면서 세간의 이목을 끌기 시작했다. 재료 고유의 향취가 느껴지는 그의 요리를 '신의 요리'라고 평가한다. 선생은 『마음이 그릇이다. 천지가 밥이다』 등의 저서에서 "음식은 종합예술이고 약이며 과학이다."라고 언급했다.

임지호 선생은 평생 세 분의 어머니를 섬겼다. 아버지는 한의사였지만 생모는 기억 속에 존재하지 않았다. 생사도 확인할 수 없었다. 스물두 살에 자신을 지극정성으로 키워준 어머니가 친어머니가 아니라는 것을 알고 전국을 떠돌며 친어머니의 흔적을 찾아, 잃어버린 과거를 찾아 돌아다녔다. 아픈 사연을 간직한 그는 길에서 인연을 맺은 사람들에게 잔디, 잡초, 이끼, 나뭇가지와 같은 자연 재료로 만든 음식을 기꺼이 대접했다. 그러던 중 지리산에서 만난 '김순규' 할머니를 길 위의 어머니로 10년간 모시게 되었다. 할머니는 영화가 완성되기 얼마 전까지 살아계셨다.

끝끝내 찾아온 세 번째 이별. 할머니의 사망 소식을 다큐멘터리 제작진에게 듣게 된다. 선생은 낳아주신, 길러주신, 마음을 나눠주신 세 명의 어머니를 위해 3일 동안 108접시의 음식을 밤낮없이 장만한다. 제를 지낸 후, 할머니의 가족, 동네 어르신들과 함께 음식을 나누어 먹는다. 임지호 선생의 환한 미소 속에 한줄기 눈물이 흘러내린다. '밥정'으로 쌓은 기쁨과 그리움의 눈물이다.

짧은 시간이지만 나에게 밥을 챙겨 준 두 분의 또 다른 어머니가 계셨다. 내 나이 칠팔 세 무렵에 시골 고향집에 혼자 살던 시절이 있었다. 가정 형편상 가족들이 뿔뿔이 흩어져 객지 생활할 때였다. 옆집 아주머니는 거지처럼 생활하던 나를 하루에 한 번 자신의 집으로 불러 먹다 남은 식은밥을 챙겨 주셨다. 찬밥과 두세 가지 반찬을 게 눈 감추듯 핥아먹었던 기억이 난다.

또 한 분은 고1 때 만난 친구, 선태의 어머님이다. 선태는 친구를 좋아했고 그의 어머니도 아들의 친구를 자식처럼 아끼고 사랑해주셨다. 선태의 집은 하숙집처럼 늘 친구들로 북적거렸다. 언제든지 찾아가면 밥을 먹을 수 있고, 잠을 잘 수 있고, 아침에는 도시락에 용돈까지 챙겨 주셨다. 가족 모두가 바빠서 항상 혼자 밥을 먹었던 우리 집과 방금 지은 따뜻한 밥을 누군가와 함께 먹는 친구 집의 밥맛은 천지 차이였다. 선태 어머니가 노릇하게 구워주는 짭조름한 갈치구이도 맛있었지만 "항상 사이좋게 지내라."며 등을 토닥거려 주던 따뜻한 정에 마음이 더 끌렸을 것이다.

'밥정은 애틋함이다.'

나에게 밥을 챙겨 준 세 분 어머님의 정을 늘 그리워하며 살았다. 고향의 아주머니도, 선태의 어머니도, 나의 어머니도 모두 돌아가셨다. 나는 세 분의 어머니를 위해 따뜻한 밥 한끼 대접하지 못했다. 안타깝고 애가 타지만 지난 시간을 돌이킬 수 없다. 이제 시린 허기로 고통받고 있는 아이들과 또 다른 어머니를 위해 밥을 나누어야겠다는 생각을 해본다.

세상천지가 밥情으로 따뜻해졌으면 좋겠다.

부대찌개

주점酒店에는 겨울에 손님이 더 북적거린다. 따뜻한 실내에서 술을 마시면 체온 상승과 함께 분위기가 후끈 달아오른다. 추위와 허기를 달래기 위해 뜨끈한 국물 안주를 먼저 시킨다. 알싸한 소주의 첫 잔을 한입에 털어 넣으면 가슴에 쌓인 답답함이 확 풀리고, 얼큰하고 시원한 동태탕이나 부대찌개의 뜨거운 국물을 한 숟가락 떠먹으면 얼었던 몸이 발끝까지 스르륵 녹는다.

겨울철 국물 안주는 감자탕, 어묵탕, 알탕, 해물탕 등 종류가 다양하다. 그중 부대찌개는 주재료인 햄과 소시지, 베이컨에 여러 가지 부재료를 혼합하여 끓인다. 70여 년 전, 누군가 우리 입맛에 맞지 않는 햄과 소시지를 매운 김치 국물에 넣고 찌개를 만들려고 시도했다. 햄에서 기름과 소금기가 배어 나와 국물의 간과 식감을 살려주었고, 소시지와 김치 국물이 어우러진 풍미는 식욕을 자극했다. 게다가 햄과 소시지는 매운 국물을 흡수하여 육질이 부드러워졌다. 본격적으로 서민들이 저렴하고 맛있게 먹을 수 있는 부대찌개가 탄생하게 되었다.

'부대찌개'라는 이름은 '군대찌개'라는 별칭이 의미하듯 식량난에 허덕이던 6 · 25 전쟁 직후, 미군 부대에서 빼져나온 물건들이 뒷거래되는 과정에서 만들어졌다. 찌개는 매워야 한다는 한국 요리의 정체성과 서양의 특별한 음식 재료가 합쳐져 우리나라 최초의 동서양 퓨전 요리로 주목받고 있다. 부대찌개의 원조는 미군이 많이 주둔했던 의정부와 파주 지역이지만 지금은 군부대와 관련 없이 일반 음식으로 자리 잡았다.

1970년대 후반, 서울의 마장동터미널에서 시외버스를 타고 북쪽으로 달리면 의정부와 파주가 나온다. 더 올라가면 연천과 비무장지대까지 갈 수 있다. 연천은 내가 33개월 동안 군대 생활을 했던 곳이다.

입대한 지 6개월 만에 첫 휴가를 나왔다. 입대 동기 두 명과 마장동터미널 근처에서 부대찌개를 처음 먹었다. 통제와 압박에서 풀려난 해방감, 휘황찬란한 도시 풍경, 오랜만에 보는 민간인 여자들, 꿀맛 같은 소주. 아! 이 자유와 행복을 얼마나 애타게 기다렸던가. 그 순간은 부모님도 애인도 친구도 생각나지 않았다.

"우리, 집에 갈 차비만 남겨 놓고 휴가비 다 쓰고 가자."

"그래, 좋다."

잔이 깨질 듯 부딪치며 술을 마셨고, 2차와 3차를 마치고 인근 여인숙에서 1박을 했다. 다음날 해장으로 다시 시원하고 얼큰한 부대찌개를 먹고 각자의 집이 있는 부산과 울산, 마산으로 향하는 고속버스에 몸을 실었던 기억이 난다.

10여 년 전까지만 해도 부산 경남 지역에 부대찌개를 파는 식당이 많이 없었다. 현재 사는 아파트로 이사 오면서 동 대표를 1년 했었다. 105동 대표와 친해지면서 그의 집에 자주 가서 술을 마셨다. 의정부에서 군대 생활을 하던 중에 만나서 결혼한 그의 아내는 매번 부대찌개를 끓여 주었다. 옛날 휴가 때 먹었던 것과 비교도 할 수 없을 정도로 훨씬 맛이 좋았다. 특이하게 돼지고기와 미더덕을 넣어 한맛 더한 것 같았다. 의정부 출신 여자가 끓여준 부대찌개를 먹으면서 식당에서 왜 '원조'를 중요시하는지 그 이유를 알게 되었다.

서민들이 즐겨 먹는 요리 중에 부대찌개처럼 여러 가지 재료를 혼합하여 만든 음식이 많다. 유럽에는 어려웠던 시절에 고기와 채소를 섞어 찌개처럼 끓여 먹었던 스튜, 일본에 거주하는 화교 노동자들의 허기를 달래기 위해 개발된 짬뽕, 차례나 제사를 지내고 남은 튀김 전 생선 나물을 넣고 끓이는 잡탕찌개, 냉장고에 오랫동안 남아 있는 반찬과 밥을 섞어 만드는 국밥, 등이 비슷한 부류의 음식이다. 굶주림을 달래기 위해, 남은 음식을 빨리 처리하기 위해 궁여지책으로 만들어진 음식이지만 우리들의 아픈 과거와 삶의 애환이 담겨있는 음식이다.

퇴직 후, 가족을 위해 5년 정도 주방을 책임진 적이 있다. 그 전에 내가 할 수 있는 요리는 라면국밥과 부대찌개를 끓이는 것밖에 없었다. 거실 소파에 몸을 파묻은 채 TV만 보다가 아내 혼자 바쁘게 집안일을 하는 게 미안해서 점심을 준비하게 되었다. 약간의 불안감도 있었지만 한번 해보자는 배짱으로 가족을 위한 첫 요리를 만들었다. 묵은지와 김치 국물을 기본으로 나물 반찬이나 찬밥이 많이 남아 있으면 라면국밥을, 애들이 좋아하는 햄과 소시지가 있으면 이것저것 섞어서 부대찌개를 끓였다. 아마 어릴 적 혼밥을 자주 하면서 찬장에 남아 있는 반찬을 섞어 비벼 먹거나 끓여 먹었던 추억을 소환하고 싶은 마음도 있었을 것이다.

음식을 식탁에 올렸을 때 가족들이 잘 먹어주고 맛있다고 칭찬하면 계속 그 음식을 더 맛있고 정성스럽게 만들려고 노력한다. 아내와 애들이 너무 맛있게 잘 먹어주어서 라면국밥과 부대찌개를 20년 넘게 한 달에 두어 번 정도 만들어 먹었다. 세월이 흐르면서 나의 대표 요리를 먹어줄 아이들이 분가해서 나가고 없다.

코로나 사태로 사람들의 주머니 사정이 팍팍해졌다. 어려운 경제를 반영하듯 힘든 시절에 먹었던 부대찌개를 찾는 애주가와 판매하는 주점이 많이 늘었다. 한편으로 반갑기는 하지만 늘어나는 주름살과 심리적 위축에 가슴이 아프기도 하다.

서민들의 먹거리는 질 못지않게 양과 가격도 중요하다. 최근 부대찌개에는 당면과 라면, 만두와 푸성귀 등의 다양한 부재료가 첨가되어 네 명이 앉아 만 원짜리 하나면 추위와 허기를 달랠 수 있다. 부족하면 육수와 사리를 추가하면 된다. 빠른 속도로 변하는 시대의 흐름에 맞추어 부대찌개도 군부대 지역에서 탄생했다는 오명과 저급 음식이라는 한계를 넘어 시대를 반영하는 서민 음식으로 자리매김하고 있다.

술좌석에서 친구들과 논쟁을 벌일 때가 가끔 있다. 소신이 같을 수 없지만 다른 재료를 수용하고 융합해서 새로운 맛을 내는 부대찌개의 교훈을 생각하며 함께 어울려 살아갈 수 있으면 좋겠다. 친구들과 부대찌개를 먹으며 화기애애하게 재밌는 얘기를 나누다 보면 올겨울도 그렇게 길지만은 않을 것 같다.

부대찌개는 힘겨운 시간을 함께 나눌 수 있는 따뜻한 정이다.

라면의 타이밍

시계를 보면서 하는 요리가 있다. 음식을 만들 때 눈대중이나 경험을 통해 물과 불을 조절하고 필요한 양념을 넣는 것이 일반적이다. 잡채와 달걀을 삶거나 라면을 끓일 때는 감각보다 시간이 더 중요하다. 특히 라면은 짧은 시간에 해야 할 일이 많아 잠시도 방심하면 안 된다. 개인의 기호에 따라 넣는 김치와 달걀, 파 등은 싱크대 한쪽에 미리 준비해 두어야 한다.

간식거리 종류가 많아졌다. 그중 라면은 간식이면서 주식 같은 음식이다. 라면은 값싸고 요리하기 쉬울 뿐만 아니라 다른 음식과 함께 먹어도 잘 어울린다는 매력으로 '제2의 식량'이라는 별칭까지 얻었다. 힘들게 살아가는 기초생활수급자나 자취생들에게는 라면이 제1의 식량일 수도 있다. '세계라면협회(WINA)'의 통계에 따르면 우리나라 국민은 5일에 한 번 정도 라면을 먹는다. 개인당 평균 1년에 70여 개의 라면을 먹고 있으니 가히 '라면 왕국'이라고 말할 수 있다.

마트에 가면 라면 진열대가 따로 있을 정도로 종류가 많다. 요리법은 개인에 따라 무궁무진하면서 각양각색이다. 라면을 끓이는 표준 방법은 봉지 뒷면에 잘 표기되어 있다.

조리법

물 500㎖를 끓인 후 면과 수프를 같이 넣고 4분 30초간 더 끓이면 구수하고 시원한 라면이 됩니다.

※기호에 따라 적정량의 수프를 첨가하여 조리하십시오.

라면 연구가들이 몇백 번을 끓여 먹어본 결과이고 일반인들의 평균치 입맛을 기준으로 했을 것이다. 그렇지만 제조회사에서 제시하는 조리법대로 끓여서 먹는 사람은 그리 많지 않다.

라면의 종류와 개인의 취향에 따라 물의 양과 불의 온도는 차이가 난다. 원하는 국물의 맛에 따라 수프를 첨가하는 양이 다르고, 쫄깃하거나 푹 퍼진 면발의 선호도에 따라 끓이는 시간을 조절한다. 꼭 양은냄비만 사용하거나 냄비 뚜껑을 열어놓고 휘휘 저으면서 끓이는 유별난 사람도 있다. 좀 더 맛있는 라면을 먹기 위해 각자의 경험과 비법을 최대한 활용하려고 노력한다. 어쩌면 학창시절 분식집이나 캠핑 가서 먹었던 라면의 맛을 소환하고 싶은 마음일 것이다.

사람마다 라면에 관한 여러 가지 추억이 있다. 나는 섬에서 먹었던 라면의 맛을 잊을 수 없다. 10여 년 전 친구랑 둘이 남해안 매물도에 갔었다. 섬을 도보로 일주한 후, 어둠이 내릴 때 민박집에 들어갔다. 마루에 앉아 코펠에 라면 세 개를 넣고 끓이던 중이었다. 라면이 끓는 타이밍에 맞추어 주인 할머니가 건네준 냉동 새우 네 마리를 코펠에 바로 투하시켰다. 소주를 따서 각자 한 병씩 손에 쥐었다. 하늘에서 쏟아지는 별빛은 소주병에 담기고 간간이 불어오는 갯바람은 가슴을 시원하게 파고들었다. 병나발을 불며 식사 겸 안주로 먹는 라면은 뭐라 표현할 수 없는 절묘한 맛 그 자체였다. 그때부터 라면을 끓일 때 뭔가를 추가하면 한맛 더 난다고 생각했다.

라면을 한 달에 서너 번 주식으로 먹는다. 몹시 시장하면 국수나 만두를 넣기도 하고 맛을 돋우기 위해 몇 가지 재료를 첨가하기도 한다. 가스 불을 켜기 전 냄비에 잘게 썬 김치를 넣고, 물이 끓으면 라면과 수프의 2/3분량을 넣는다. 약간의 긴장감 속에 시계를 보면서 첨가할 재료들을 하나씩 손에 쥔다. 엄지손가락 굵기 정도의 국수는 1분, 소량의 콩나물이나 버섯은 2분 30초, 달걀은 4분, 파는 4분 30초가 지났을 때 넣고, 4분 45초가 되면 불을 끈다. 언급한 재료를 다 넣는 것은 아니지만 라면만 넣고 끓여 먹었을 때의 느끼하고 짠맛은 사라지고 얼큰하고 시원한 맛을 느낄 수 있다. 라면조리사 자격증은 없지만 특별한 한끼를 해결하기 위한 나만의 방법이다.

김치찌개나 된장찌개를 끓이는 방법이 사람마다 다르듯이 라면도 마찬가지다. 방법은 달라도 음식의 독특한 맛을 얻기 위해 재료를 넣는 타이밍이 중요하다. 라면을 끓이면서 김치와 달걀, 파의 투입 순서가 바뀌면 맛은 크게 차이가 난다. 냄비에 물을 붓고 라면이 완전히 끓을 때까지의 시간은 6분 안팎이다. 그 시간 동안 정신을 바짝 차리고 프로그램의 순서도처럼 재료를 넣는다. 다른 음식을 만들 때처럼 정치와 경제를 걱정하고, 유럽 여행을 생각하고, 내일 친구를 만나 무엇을 먹을지 고민할 시간이 없다. 그런 생각은 라면을 식탁에 올려놓은 후에 해도 늦지 않다.

가끔 라면을 끓일 때 예상치 못한 일이 일어나기도 한다. 급한 전화나 카톡이 오기도 하고 우체부나 택배 아저씨가 초인종을 누르기도 한다. 어쩔 수 없이 가스 불을 잠시 껐다가 다시 불을 켜 보지만 이미 라면은 우동처럼 퍼진 상태다. 편의점 야간 근무를 하면서 한가한 새벽 시간에 컵라면을 끓이고 있었다. 남녀 손님이 들어와 10분 정도를 머물다가 나갔다. 컵라면은 우동을 넘어 떡이 되어 있었다. 웬만해선 음식을 버리지 않지만 어떻게 할 수가 없었다. 맛있는 요리를 만들기 위한 조건 중에 주변 환경도 포함된다.

우리 인생에도 타이밍이 중요하다. 사람이 살다 보면 세 번의 기회가 온다고 한다. 그 기회가 왔을 때 확 잡아야 하는데 그 시기가 언제인지 알 수 없다. 자신에게 기회가 이미 지나간 건지, 아직 오지 않은 건지를 고민하게 된다. 아무도 알 수 없는 일을 걱정할 필요는 없다. '로또당첨'이나 '주식대박' 같은 요행을 잡으려는 것은 진정한 인생이 아니다. 라면의 재료를 순서에 맞추어 차근차근 넣고 기다리듯이 서두르지 않고 착실하게 사는 사람들에게는 지금 현재가 중요한 기회다. 주어진 일에 최선을 다하면서 살다 보면 좀 더 즐겁고 멋진 시간이 곧 우리 눈 앞에 펼쳐질 수도 있다.

라면을 맛있게 먹기 위해 노력하는 것이 시간 낭비나 식탐은 아니다. 냄비를 식탁 위에 올려놓고 뚜껑을 열면 눈과 코가 먼저 반응을 하면서 식욕을 돋운다. 꽃이 그려진 예쁜 그릇에 라면과 국물을 덜어내어 후후 불어가며 먹는 즐거움은 행복이다. 물론 멋진 식당에서 스테이크를 품위 있게 먹는 것도 행복이긴 하다. 이제 특별하고 화려함보다 평범하고 실속 있는 것이 좋아지는 나이다. 그 평범함을 유지하기 위해 노력하는 시간이 나의 타이밍이다.

시계를 보지 않고 라면을 끓일 수 있는 득도의 날이 언제쯤 올지 모르겠다.

양념 같은 사람

먹방이 대세다. TV마다 출연자들이 음식을 먹는 프로그램을 경쟁적으로 방송한다. '맛집 기행, 백반 기행, 맛있는 녀석들, 골목식당'처럼 제목도 출연진도 다양하다. 색다르고 맛깔스러운 음식이 소개되면 시청자들은 자신도 모르게 군침을 흘린다. 맛집 식당의 주인들은 음식에서 양념이 제일 중요하고, 그 양념을 만드는 방법은 영업비밀이라고 말한다. 먹방 제작진은 양념 제조의 비밀을 캐내려고 안간힘을 쓴다.

집 근처, 맛집으로 소문난 식당 중 내가 자주 가는 곳은 '수영돼지국밥'과 '국이네낙지볶음'이다. 내 입맛에 딱 맞는 두 식당은 거리가 2㎞ 정도 떨어져 있고 상호商號가 달라 전혀 연관성이 없다고 생각했다. 한번은 돼지국밥을 먹고 나오다가 카운터에 '국이네낙지볶음'의 명함이, 얼마후에는 낙지볶음을 먹으러 갔다가 '수영돼지국밥'의 명함이 놓여있는 것을 보았다. 궁금해서 계산원에게 물었더니 사장이 같은 분이라고 대답한다. '아! 어쩐지 양념 맛이….' 돼지국밥과 낙지볶음은 양념장이 생명이다. 동일한 사장이 만든 양념이 내 입맛을 사로잡은 것이다.

양념은 음식의 맛을 돋우기 위해 사용하는 재료, 간장 기름 깨소금 마늘 설탕 소금 파 후추 따위를 통틀어 이르는 말이다. 음식 재료의 좋은 향과 맛은 그대로 살리면서 비린내와 같은 좋지 않은 냄새를 상쇄시키기 위해 사용한다. 양념은 부재료에 불과하지만 어떤 경우에는 음식 맛의 전부라고 해도 과언은 아니다. 그중 소금과 후추는 세계의 전쟁사에서 빼놓을 수 없을 정도로 중요한 재료다. 양념을 획득하기 위해 수많은 인명피해를 감수했다는 사실이 믿기지 않으나 기록으로 남아 있다.

양념이 가미된 음식의 맛은 혀의 미각세포에서 느낀다. 동양에서는 단맛 신맛 쓴맛 짠맛 매운맛을 '오미五味'라고 말하지만, 서양에서는 아리스토텔레스가 「영혼론」에서 주장한 단맛, 신맛, 쓴맛, 짠맛, 네 가지만 기본 맛으로 인정한다. 20세기에 들어 단맛은 혀끝에서, 신맛은 양옆에서, 쓴맛은 뒷부분에서, 짠맛은 전체에서 느낀다는 혀의 맛 지도가 완성되었다. 매운맛과 떫은맛은 미각세포가 아닌 통증신경과 촉각신경에 의해 반응이 나타나기 때문에 기본 맛에서 제외되었다.

그 후 다섯 번째 새로운 맛이 만들어졌다. 일본의 '이케다 기쿠나에'가 해조류 국물에 들어있는 '글루타민산'을 이용하여 '우마미

(umami)'라는 맛을 발견했다. 일본말로 '맛있다'는 의미의 우마미를 우리말로 번역하면 '감칠맛'이다. 글루타민산을 이용하여 만든 'MSG'는 현재 화학조미료의 대명사로 불린다. '미원'과 같은 MSG 첨가 식품을 너무 많이 섭취하면 알레르기 증상이나 두통의 원인이 될 수 있으나 MSG 자체가 건강에 해로운 것은 아니라고 한다.

'맛있다'라는 표현은 음식이 약간 짜면서 맵거나 달콤할 때 사용한다. 건강상의 이유로 밍밍하거나 삼삼한 음식을 좋아하는 사람도 있다. 맛을 찾아 돌아다니는 식도락 여행을 가끔 간다. 승용차로 두 시간을 달려 찾아간 이름난 맛집에 실망한 때도 있었지만 배가 너무 고파 들어간 허름한 식당의 된장찌개에 감동한 적도 있다. 음식에 갖은 양념이 중요하지만 굶주린 자에게는 화학조미료가 가미되었든 말든, 김치가 국내산이든 말든 문제가 되지 않는다. 시장이 최고의 반찬이고 양념이다.

소금은 안 먹어도 위험하고 너무 많이 먹어도 위험한 양념이다. 소금의 첨가 여부에 따라 맛이 확 달라진다. 얼마 전, 친구와 할매 혼자 장사하면서 삼겹살을 저렴하게 파는 '할매식당'에 갔다. 불판에 삼겹살과 신김치, 콩나물무침을 얹어 구워 먹던 중, 할매가 멀건 국물에 콩나물과 땡고추 몇 조각이 떠다니는 냉국을 가져다주었다. 냉국의 얼큰하고 칼칼한 맛에 입을 다물 수 없었다. 할매에게 무엇을 넣었는지 물었더니 맹물에 콩나물을 넣고 끓이다가 소금만 조금 넣었다고 한다. 다음날 집에서 할매 말대로 콩나물국을 끓여 보았다. 소금은 정말 신기한 양념이다.

할매식당에서 친구와 소주를 마시던 중, 옆 테이블의 젊은 남자가 “삼겹살이 와 이리 맛있노? 할매요. 건강하게 오래오래 장사하이소.”라며 고함을 질렀고 좌중의 손님들은 박수를 보내며 한바탕 크게 웃었다. 할매가 “오야, 고맙다.”라고 말하자 식당 분위기는 화기애애해졌다. 소금 하나로 음식 맛 전체를 바꿀 수 있는 것처럼 가라앉은 분위기를 끌어 올리거나 흥을 돋우는 말과 행동도 양념이라 표현한다.

영화나 드라마에서 양념 역할을 하는 조연들이 있어 주연들이 더욱 빛난다. 「춘향전」에 방자와 향단이가 있다면 영화 「타짜」에는 물영감과 마돈나가, 「기생충」에는 짜파구리를 유행시킨 ‘다송’이와 4년 넘게 지하실에 숨어 사는 ‘근세’라는 조연이 있어 전체적인 시나리오가 탄탄해졌다. 조연들의 공통점은 생각은 단순하지만 뭔가 한 가지를 잘한다는 것이다. 비록 못났다는 소리를 듣더라도 어떤 결정적인 순간에 양념 같은 언행을 하며 전체적인 분위기를 살려낸다. 그러기 위해서는 역할의 선택권이 없는 조연일지라도 미리 많은 것을 배우고 익혀 두어야만 한다.

3년 전, 평생교육원에서 역사와 웃음치료사 강의를 들었고 지금은 미술사 강의를 듣는다. 내년에는 생활풍수지리를 들으려고 한다. 무슨 전문가가 되기 위해 수업을 듣는 것은 아니다. 그저 알고자 하는 욕구를 채우고 싶은 마음뿐이다. 친구나 문인들 만나 술잔을 기울이며 역사나 미술 관련 이야기가 나오면 양념처럼 덧붙여서 즐겁게 시간을 보내는 게 나의 또 다른 기쁨이다. 어딜 가든 주연은 아니더라도 ‘양념 같은 사람’이라는 말을 들으며 지금의 지인들과 오래오래 만나고 싶다. 나만의 맛을 살리기 위해 지속적인 노력이 필요하다.

요리를 잘하거나 말을 잘한다고 양념 같은 사람이 될 수 없다. 상대의 아픈 가슴과 시련을 토닥거려 줄 수 있고, 어떤 상황이 닥치더라도 슬기롭게 대처할 수 있는 사람이라면 누군가에게 꼭 필요한 '사람 양념'이 아닐까 생각한다.

양념은 생활의 멋을 위한 필수조건이다.

제 4 부

기억의 토막

리액션

혼자 사는 아들에게 "즐겁게 잘 지내고 자주 연락해."라고 카톡을 보냈다. 답은 간단명료하다. "넵." 아무 답장이 없는 것보다 낫지만 약간 섭섭하다. 모임에 오랜만에 나온 동기에게 반갑게 인사하면 본 둥 만 둥 아무 대꾸 없이 그냥 지나치는 친구도 있다. 괜히 알은척했다는 후회와 함께 기분이 언짢다.

상대방의 언행에 대해 반사적으로 나오는 말이나 행동을 '리액션(reaction)'이라 한다. 리액션은 분위기와 상황에 따라 다양하게 표현된다. 일반적으로 재밌고 신기한 이야기를 들으면 '이야! 정말?', 안타까운 일에는 '어떻게 해.' 위로해 주고 싶을 때는 '힘내라.'와 같은 반응을 한다. 장소와 시간 관계없이 리액션을 잘하는 친구도 있고 성격에 따라 전혀 못 하는 사람도 있다. 리액션을 잘하는 친구가 부러울 때도 있지만 너무 과하면 민망스러워 자리를 피하고 싶은 생각이 들기도 한다.

나의 썰렁한 농담을 듣고 친구가 크게 웃어주면 고맙지만 재밌는 이야기를 했는데 반응이 시원찮으면 무안해서 머리를 긁적거린다. 밤늦게 귀가하면 수고했다거나 왜 늦었냐고 말하는 가족이 있어야 한다. 아무도 관심을 보이지 않으면 무인도에 홀로 사는 것 같은 기분이 든다. 자신의 말과 행동에 대해 상대가 아무런 반응이 없으면 '나를 무시하는구나.'라고 오해할 수도 있다. 좋으면 좋은 대로, 싫으면 싫은 대로 감정을 표출할 필요가 있다.

억지로 짜맞추는 리액션도 있다. 최근 TV마다 요리 관련 프로그램이 넘쳐나고 있다. 유명 셰프가 조리한 음식을 시식하는 진행자와 게스트들의 반응은 천편일률적이다.

"으음, 너무 맛있다. 감칠맛 난다."

토크쇼나 오락프로의 방청객들도 마찬가지다.

"아하, 우와! 하하 호호"

보조진행자의 신호에 따라 입만 움직이면 된다. 리액션이 좋다는 이유로 방송 내용과 무관하게 이곳저곳 출연하여 이름을 알리는 연예인도 있다. 그런 사람들은 아무 감정 없이 반응하는 로봇과 같다.

키보드나 마우스를 누르면 컴퓨터는 바로 작동한다. 스마트폰에 손가락을 터치하면 사용자가 원하는 화면으로 빠르게 이동한다. 그런 기계적 동작은 리액션이 아니라 일방의 지시에 따르는 주종관계에 불과하다. 기계와의 상호작용(interaction)에는 희로애락의 정서가 없다. 컴퓨터와 스마트폰의 작동이 시원찮으면 새것으로 교체하면 되지만 정이 얽히고설킨 친구를 조금 부족하다는 이유로 바꿀 수는 없다.

신호등이 없는 건널목에 차를 멈추어주면 방긋 웃으며 손을 흔들고 지나가는 아이들, 힘든 택배기사에게 물 한잔 건네주는 아주머니, 지각한 직원에게 "힘들지. 조금 쉬었다 해."라고 배려하는 직장 상사, 지하철을 타고 앉아 가다가 자리를 양보했을 때 고맙다고 말하는 어르신의 리액션을 받은 사람은 종일 기분이 좋고, 그 즐거움은 행복 바이러스처럼 사회 전체로 퍼져 나갈지도 모른다.

어떤 도움이나 칭찬보다 한 번의 리액션이 더 효과적이라고 주장하는 심리학자도 있다. 나의 작은 리액션은 친구의 기쁨을 두 배로, 슬픔을 절반으로, 좌절을 용기로, 실망을 희망으로 바꾸어 놓을 수도 있다. 가족과 친구, 동료 간에 새로운 활력소가 되는 리액션을 아낌없이 주고받는 분위기가 만들어졌으면 좋겠다.

거울을 보며 다양한 리액션을 연습해 본다. 아직은 약간 어색하다.

평행이론

인터넷으로 『단원풍속도첩』을 찾아 김홍도 선생의 그림을 감상한다. 일반인에게 잘 알려진 주막, 씨름, 서당, 윷놀이, 나룻배, 우물가, 빨래터 등을 비롯한 20여 편의 작품 속에는 조선 시대의 생활상이 잘 담겨있다. 노동과 놀이를 통한 서민들의 삶과 남녀 사이에 오가는 은근한 감정이 잘 나타나 있어 더욱 정감이 간다. 그림을 계속 보고 있노라면 18세기 후반의 어느 한때를 다녀온 기분이 들면서 만약 내가 그때 살았더라면 무슨 일을 했을까 하는 생각도 든다.

그중 「빨래터」라는 작품이 눈길을 사로잡는다. 그림에는 여섯 명의 인물이 나온다. 개울가의 두 여성은 두런두런 얘기를 나누며 방망이질을 하고, 한 여성은 개울에 들어가 빨래를 헹구면서 짜고 있

김홍도 「빨래터」

다. 바로 옆 편평한 바위 위에는 머리를 손질하고 있는 여성과 기저귀도 차지 않은 아이가 엄마의 젖을 만지고 있다. 그림에 나오는 여성들은 허벅지와 속바지를 훤히 드러내고 있어 빨래터는 여성들의 편안하고 안락한 일터이자 쉼터라는 것을 말해주고 있다.

그림에는 성인 남성 한 명이 나온다. 갓을 쓴 양반이 부채로 얼굴을 가린 채 큰 바위 뒤에 숨어 여자들의 빨래하는 모습을 훔쳐보고 있다. 그는 몰래 본다는 긴장감으로 약간 떨고 있는 것처럼 보인다. 신윤복 선생의 「단오풍정端午風情」이란 작품에도 개울에서 목욕을 즐기는 반라半裸의 여인들을 훔쳐보는 동자승 두 명이 나온다. 김홍도와 신윤복, 두 화가는 남자들의 음흉한 마음을 해학적으로 표현했다. 아마 18세기 말과 19세 초, 무너져가는 양반과 승려들의 도덕성을 풍속화에 담아내고자 하는 작가들의 의도가 담겨있는 것 같다.

「빨래터」를 확대해서 사람들의 표정을 자세히 살펴보았다. 아이와 함께 바위에 앉아 머리를 손질하고 있는 여자는 어디서 본 듯한 얼굴이다. 약간 갸름하면서 동그란 얼굴, 짧은 눈썹, 긴 머리의 여인은 내가 어릴 때 보았던 어머니의 모습을 닮았다. 어머니처럼 집안 걱정을 많이 해서 그런지 표정이 다른 사람보다 밝지 않다. 한참을 바라보던 중 어쩌면 김홍도 선생이 살았던 200년 전에 어머니와 같은 운명의 길을 걸었던 여인이 살았을지도 모른다는 생각이 밀려온다.

얼마 전, 「평행이론(Parallel Life)」이란 영화를 보았다. 주인공의 아내와 관련된 살인사건이 30년 전에 일어났던 사건과 판에 박은 것처럼 똑같이 진행되는 현상을 주제로 만들어진 영화다. 서로 다른 시대를 사는 두 사람의 운명이 같은 패턴으로 전개될 수 있다는 주의主義를 '평행이론'이라 한다. 현재의 나는 과거에 살았던 누군가와 똑같은 삶을 반복하고 있거나, 과거의 누군가는 현재 내가 살아가는 방식으로 세상을 살다가 떠난 사람이 있다는 주장이다.

평행이론의 가장 대표적인 사례로 꼽히는 인물은 링컨과 케네디 대통령이다. 두 사람은 100년이란 간격을 두고 하원의원과 대통령 당선, 개혁 정책과 암살의 운명 등 모든 정황이 똑같다. 게다가 두 사람은 금요일에 암살당했고, 링컨은 포드 극장에서, 케네디는 포드사가 제작한 자동차를 탄 채 저격당했다는 사실이 평행이론의 실제를 뒷받침한다. 우연이라고 말하기에는 너무 많은 사실이 일치한다.

「빨래터」의 어머니를 닮은 여인은 김홍도가 그린 그림의 평범한 모델이지만 나에게는 어머니를 생각나게 해주는 중요한 인물이다. 그녀도 어머니처럼 형편이 넉넉지 못한 가정의 2남 3녀 중 막내딸로 태어났다. 부잣집 외동아들과 결혼하면 본인은 물론 친정도 잘 살 수 있다고 부추기는 중매쟁이의 말만 믿고 일면식도 없는 사내를 만나기 위해 꽃가마를 탔다.

마님이란 소리를 들으며 아들딸 낳고 행복하게 살던 시절도 있었으나 지아비의 방탕한 생활이 이어지면서 불행이 덮쳐 오기 시작했다. 그 많던 인삼밭과 방앗간은 바람처럼 사라졌고 가족은 빚더미에 올라앉게 되었다. 목구멍이 포도청이라 사십 대 초반부터 전국을 돌며 행상을 했고, 객지에서 터를 잡을 때까지 온갖 수모를 겪으면서도 오직 자식들만 생각하며 참고 견뎠다.

그녀는 시장통 목 좋은 곳에 가게를 하나 장만하여 본격적으로 장사를 시작했다. 불행인지 다행인지 지아비는 지병으로 세상을 일찍 떠났다. 자식들은 성장하면서 살림에 큰 보탬을 주었다. 그녀는 장사에 관한 숨겨진 수완을 개성상인 못지않게 마음껏 발휘했고, 가게는 날로 번창하게 되었다. 크고 멋진 집을 한 채 마련한 후, 자식들 모두 결혼시켰다. 노후에는 자식들과 손자들의 신의와 존경을 받았고, 팔도유람하면서 즐겁게 시간을 보내다가 세상을 떠났다. 그녀는 먼저 떠난 무능한 남편을 미워했지만 사랑했다. 저 세상에 가서라도 영감과 함께 살고 싶다며 지아비 옆에 나란히 묻어 달라는 유언을 남겼다.

정치인들이나 유명인들의 부패와 몰락을 이야기할 때 호사가들은 평행이론을 거들먹거린다. 평행이론은 또 다른 우주에 나와 똑같은 사람이 살고 있다는 '평행우주설'과 함께 공상과학영화의 소재로 활용된다. 아직은 특별한 '이론'이라기보다 역사적 흐름과 문화가 비슷한 상황에서 몇몇 우연의 일치를 끼워 맞춘 이야기에 불과하다. 그렇다 하더라도 토끼가 사는 상상 속의 달나라에 우주선을 타고 가는 것처럼 사람들의 가설이 언젠가 현실 이론으로 다가올 수 있다.

과장되고 왜곡된 전설이나 민속 신앙을 믿고 따르는 사람도 많다. 나는 어머니와 같은 삶을 산 「빨래터」에 나오는 200년 전 여인을 어머니로 생각하고 싶다. 가끔 인터넷이나 미술관에서라도 어머니를 만나고 싶은 마음이 간절하다. 만날 때마다 밝은 표정으로 인사하면 환하게 웃으며 좋아하실 것 같다.

그림 속 어머니를 보면서 '어머니'란 말을 몇 번 되뇌어 본다.

또 하나의 가족

지루한 장마 끝에 햇볕이 강하게 내리쪼인다. 베란다의 습기와 쿰쿰한 냄새를 제거하기 위해 창문을 연다. 베란다 창고의 문도 활짝 열어 통풍과 환기를 시킨다. 창고에는 여러 종류의 가방과 낚싯대, 커다란 솥단지와 세숫대야가 뒤엉켜 있다. 여행용 가방은 밖으로 나가고 싶어 바퀴를 꿈틀거리고, 낚싯대는 호출 신호가 떨어지기만을 기다리고 있는 것 같다. 사람이든 물건이든 지금은 여행할 시기가 아니라는 생각으로 돌아서려는 순간 은색 세숫대야에 눈길이 간다.

오랜만에 세숫대야를 보니 반가움이 앞선다. 허리 굽혀 스텐 세숫대야를 꺼내 이리저리 살펴본다. 문득 '집에서 가장 오래된 물건'이라는 생각이 든다. 35년 전, 아내가 가전제품 주방용품 가구 이

불 등의 신혼살림을 준비하면서 세숫대야도 혼수품으로 마련했다. 그때 장만한 물품들은 모두 새것으로 몇 번이나 교체되었으나 유일하게 세숫대야만 바뀌지 않고 본디 제품 그대로다. 마당을 지키는 경비병 같았던 세숫대야가 아파트로 이사 오면서 죄목 없는 무기수 신세가 되어 20년 넘게 창고에 갇혀있었다. 함께 아침을 열고 하루를 마감했던 세숫대야를 지켜보면서 그동안 너무 무정했다는 생각이 든다.

세숫대야를 깨끗하게 씻어 햇빛이 잘 드는 베란다 창문 쪽에 앉혀 놓자 예전처럼 다시 반짝거린다. 대야 바닥에 내 얼굴이 크게 비친다. 세숫대야가 '우와! 정말 오랜만입니다. 그런데 많이 늙으셨구려.'라고 말하는 듯하다. 오랜 세월이 지났으니 세숫대야가 주인을 쉬 알아볼 리 없다. 둥그런 세숫대야를 어루만져 본다. 고생은 했으나 행복했던 지난날들이 떠오른다.

싱크대와 세탁기가 본격적으로 보급되기 전만 해도 세숫대야는 가정의 생필품이었다. 아내가 설거지와 빨래, 집안 대청소를 할 때 그림자처럼 따라다녔고, 목욕탕에 갈 때 가끔 동행하기도 했다. 아이들의 몸이 세숫대야에 들어갈 만큼 적었을 때는 따뜻한 물을 데워 아이들을 씻기는 욕조 역할도 해주었다. 세월은 많이 흘렀으나 세숫대야가 신혼 시절의 색깔을 그대로 간직하고 있다는 게 신통할 따름이다.

아침에 내가 머리를 감으면 아내는 냉수와 온수를 적당하게 섞어 세숫대야에 부어주었다. 퇴근 후 미지근한 물이 담긴 세숫대야를 챙겨주면 마루에서 발을 담그고 하루의 피로를 풀기도 했다. 지금이야 아파트 욕실에서 수월하게 샤워나 족욕을 할 수 있으나 맞벌이를 했던 신혼 시절에 아내의 희생이 없었다면 그런 호사를 누리지 못했을 것이다. 세숫대야에 반사되는 햇살에서 아내의 따뜻한 마음이 전해진다.

세숫대야는 가족의 건강과 가정의 청결을 위해 몸을 아끼지 않았다. 머리를 감든 발을 씻든 걸레를 빨든 다 받아주었고, 물속에 잠기거나 불 위에 올라가는 고통이 언제 발생하더라도 아무 불평 없이 수용했다. 심지어 허름한 천장에서 떨어지는 빗방울의 물받이 역할도 했다. 세숫대야는 힘들고 분주하게 살았던 시절에 가정의 허드렛일을 충실하게 수행하는 집사였다.

학창 시절, 우리 가족은 작은 마당이 있는 슬레이트집에서 살았다. 마당 한편의 수돗가에는 옆면이 제법 일그러진 양은 세숫대야가 놓여 있었다. 아버지가 화가 나서 발로 차면 세숫대야는 몸이 찌그러지는 아픔을 흉터로 남기면서 우당탕 비명을 질렀다. 아버지는 세숫대야를 차면 발이 아프지 않으면서 소리가 크게 나서 감정 표출을 극대화 시킬 수 있고, 깨지지 않아 경제적 부담도 없다는 계산을 했을 것이다. 나도 기말고사를 망쳤을 때, 세숫대야를 한번 차보고 싶었으나 차마 발길질을 하지는 못했다. 오직 가장에게만 세숫대야를 발로 찰 수 있는 권한이 있던 시절이었다.

시골 친척집에 가면 아직도 세숫대야가 수돗가를 지킨다. 그 모습을 보면 불과 여덟 살 나이에 세상을 떠난 동생이 생각난다. 허약하던 동생이 심한 열병에 걸렸다. 몹시 어려운 시절이라 병원에 가거나 약을 사 먹을 형편이 아니었다. 땀을 많이 흘리며 아파하는 동생에게 어머니는 세숫대야의 차가운 물에 적신 수건으로 얼굴과 몸을 닦아주었다. 나는 수시로 세숫대야의 물을 깨끗하게 바꾸어 주다가 지쳐 잠이 들었다. 동생은 밤새 인사도 없이 떠나버렸다.

부산의 병원에 입원해 있던 어머니가 임종을 앞두고 마산의 형님 집으로 가셨다. 직장에 연가를 내고 어머니 곁을 지켰다. 어머니는 편안하게 누워 계셨는데 이따금 이마에 땀방울이 송송 맺혔다. 찬물이 담긴 세숫대야와 수건을 준비해 어머니 머리맡에 앉았다. "엄마, 생각나? 동생 아플 때 이렇게 한 거."라고 말하자 어머니는 눈을 감은 채 아무 말이 없었다. 떨리는 손으로 어머니가 동생에게 했던 것보다 더 정성스럽게 얼굴을 닦아 드렸다. 어머니와 작별의 시간이었다.

외출하고 돌아오면 세숫대야에 물을 받아 손과 얼굴을 씻은 후, 허드렛물을 함부로 버리지 않았다. 메마른 텃밭이나 화분에 뿌려 주기도 했고 장독대나 마당 가장자리에 물을 끼얹어 묵은 먼지를 씻어내기도 했다. 물은 귀하고 소중하다. 한 번도 사용하지 않은 물을 하수구로 마구 흘려보내는 행위는 물에 대한 차별이자 모욕이다. 세숫대야를 사용하면 세면대를 이용할 때보다 상당한 양의 물을 절약할 수 있고 사용한 물을 다양하게 재활용할 수 있다. 그런 이유로 세숫대야는 환경단체에서 선정한 지구를 살리는 생활용품 중 하나로 선정되어 있다.

한때 사랑을 받았던 가정용품들이 구닥다리라는 이유 하나만으로 밀려나고 있다. 사람들이 편리성과 유행을 앞세워 새것만 찾는다. 창고에 보관되거나 제값도 없이 집 밖으로 내쳐진다. 마지막

투정도 하지 못한 채 순순히 물러선다. 항상 새것으로 남아 있는 물건도, 변하지 않는 사랑도 없다. 우리도 언젠가 그렇게 사라져야 할 마음의 준비가 필요하다.

베란다에서 세숫대야를 거풍시키며 지난 시간을 회상해 본다. 세숫대야는 동생과 어머니의 마지막을 함께했고 우리의 신혼 시절을 따뜻하게 만들어 준 또 하나의 가족이다.

외출 준비

친구들과 야유회를 가는 날이다. 새벽에 눈을 떠 목적지 날씨부터 확인하니 낮에 비 올 확률이 70%라고 예보되어 있다. 바깥에 나갈 때 비가 오면 불편하다는 걱정과 괜찮을 거라는 기대가 엇갈린다. 어쨌든 서둘러야 한다. 나들이옷과 신발을 준비해 놓고 갈아입을 속옷을 챙긴다.

잠을 자고 일어나면 어디든 가야 할 곳이 있어야 한다. 갈 곳이 없어 집에만 머물러야 한다면 자신을 어둠 속에 가두는 일과 크게 다르지 않다. 학생은 학교에, 직장인은 회사에, 농부는 들판으로 나가야 하루가 즐겁다. 집을 나서기 전 몸과 마음을 정갈히 하고 크고 작은 준비물을 잘 챙겨야 외출의 목적을 달성할 수 있다. 외출은 더 큰 세상으로 나아가기 위한 디딤돌이다.

외출할 때마다 샤워한다. 아무리 바빠도, 밥은 안 먹어도 샤워를 꼭 하고 나간다. 타인에게 잘 보이기 위한 목적은 없으나 샤워를 하고 용모를 단정히 해서 나가면 발걸음이 가볍고 기분도 상쾌하다. 집에만 있는 날에는 얼굴에 물 한 방울 묻히지 않는다. 급한 연락을 받고 세수만 하고 나갈 때는 용무가 끝나자마자 귀가하려고 신경을 쓴다. 언제부터 그런 습관이 만들어졌는지 정확하게 기억나지 않으나 직장생활을 시작하면서부터 몸에 배었을 것으로 짐작한다.

새 팬티와 러닝만 챙겨 욕실로 들어간다. 사람들은 샤워할 때 10분 정도면 웬만한 이물질을 씻어내는데 충분한 시간이라고 하지만 나는 적어도 3 · 40분이 소요된다. 나에게 샤워 시간은 몸을 씻는 일 외에 스트레칭과 면도하는 과정이 포함된다. 그중 면도를 가장 중요하게 여긴다. 다른 남자에 비해 신체의 이곳저곳에 털이 많은 편이다. 털이 많은 걸 좋아하거나 남자답게 보이려고 일부러 기르는 사람도 있으나 나에게는 큰 고민거리다. 구레나룻과 콧수염을 사나흘 깎지 않으면 역사드라마에 나오는 산적 두목처럼 보인다. 게다가 대학 신입생 시절에 생긴 트라우마도 있었다.

1학기를 마친 초여름, 테니스동아리 회원 십여 명이 통영의 비진도해수욕장으로 1박 2일 MT를 갔다. 반바지를 입고 민박집 우물가에서 쌀을 씻고 있을 때 찬거리를 장만하기 위해 여학생 두 명이 왔다. 함께 잡담을 나누던 중 여학생 한 명이 깜짝 놀라며 손으로 입을 가렸다. 친구가 왜 그러냐고 묻자, "저 다리에 털 좀 봐. 무슨 짐승 같아."라고 말하며 나의 종아리를 가리켰다. 나는 '짐승'이라는 말에 모멸감을 느끼며 얼굴이 화끈 달아올랐다. 하던 일을 제쳐 놓고 남자들 방으로 달려갔다. 반바지 대신 운동복으로 갈아입고 이불장에 기대어 앉은 채 눈을 감았다. '내 몸에는 왜 털이 많을까.' 온몸에 털을 가위로 자르고 족집게로 확 뽑아버리고 싶었다.

40대 초반까지 반바지는 집에서만 입었다. 반바지를 입고 외출하면 사람들이 짐승이라 놀리며 깔깔거리지 않을까 하는 두렵고 창피한 생각에 엄두를 내지 못했다. 여름철 강이나 바다로 지인들과 피서를 가면 물속에 오래 머물러 있거나 아예 긴바지를 입고 평상에 앉아있었다. 프로이트의 『정신분석학』에 인간은 내면에서 발생하는 불안으로부터 자신을 보호하기 위한 '방어기제防禦機制'를 갖고 있다는 내용이 소개되어 있다. 나는 도피와 억압으로 불안감을 극복하려고 노력했다. 다른 사람이 찾아낼지도 모르는 나의 단점을 꼭꼭 감추고 싶었다.

아내가 "당신 다리 쳐다보는 사람 아무도 없어요."라고 십수 년을 설득했으나 선뜻 용기가 나지 않았다. 언젠가 상가 마트에 가던 중 무심결에 반바지를 입고 나왔다는 것을 알았다. 하는 수 없이 빠른 걸음으로 마트에 오가며 행인들의 표정을 살펴보았다. 나의 외모에 눈길을 보내는 사람은 아무도 없었다. 이제 나이가 들어 다리에 털도 많이 없고 낯가죽이 두꺼워져 부끄럽고 창피한 생각도 들지 않는다. 무더운 여름철 반바지를 입고 시장에 가면 너무 편하고 시원해서 좋다.

칫솔질한 후, 목 허리 팔다리 손목 발목 운동을 한다. 작년에 컴퓨터와 스마트폰을 적잖이 다루면서 키보드를 계속 두드리는 작업을 하다가 어깨와 팔에 통증이 생기는 'VDT 증후군'에 걸려 몇 달을 고생했다. 이제 욕실에 들어오면 뭉친 근육을 풀어주기 위해 그때그때 필요한 스트레칭을 간단하게 한다. 특별한 운동 효과가 없을지 몰라도 아이들이 목욕탕에서 뛰어놀듯 한바탕 몸을 휘젓고 나면 나를 위해 뭔가를 했다는 성취감과 만족감을 느낀다.

입었던 내의를 훌랑 벗고 면도를 준비한다. 피부 보호를 위해서는 전기면도기를, 깔끔한 면도를 위해서는 칼 면도기를 사용해야 하지만 나는 깔끔한 쪽을 선호한다. 십여 년 전까지 면도하던 중, 입술이나 턱 주변을 면도칼에 베어 피를 흘린 적이 가끔 있었다. 피를 흘리면서도 면도는 중단하지 않았다. 지금은 3중이나 5중 날로 제작된 칼 면도기가 나와 그럴 염려는 거의 없다. 눈 아랫부분부터 목, 가슴 부분까지 면도용 거품을 여러 번 문지르고 벽면 거울을 보며 면도를 시작한다.

거품 가면을 쓴 거울 속의 나와, 면도를 하는 내가 서로 묻고 답한다.

"너는 외모와 심성 중 무엇을 더 중하게 여기냐?"

"가식적으로 마음이 더 소중하다고 말할 수 있겠지만 솔직히 둘 다 중요하게 생각한다."

공원에 가면 깨끗한 벤치를 선택하여 앉듯이 용모가 단정하면 사람들과 거부감 없이 만나 속마음을 털어놓고 대화할 수 있다. 무슨 일이든 형식과 내용은 별개가 아닌 함께 소중하게 다루어야만 전체가 빛날 수 있다. 후박한 마음씨에 깔끔한 외모가 더해지면 그야말로 금상첨화다.

샤워는 심신의 건강과 휴식을 위해 누구나 쉽게 할 수 있는 일상생활의 일부가 되었다. 몇십 년 전까지는 부유층만 할 수 있었으나 요즘은 애완동물까지 샤워를 시켜주는 시대다. 샤워는 가끔 공포영화의 사망 플래그나 멜로영화의 성적 매력을 어필하기 위한 수단으로 표현되기도 한다. 꼭 변태가 아니더라도 사람들의 마음속에는 다른 사람의 일기장이나 사생활을 몰래 보고 싶은 호기심이 조금은 있다. 시나리오나 소설 작가들이 그러한 심리를 적절하게 활용하기 위해 샤워 장면을 삽입한다.

물 온도를 적당하게 맞추고 샤워를 한다. 샤워는 몸보다 마음을 씻는 물세례의 시간이다. 참된 종교인이 되기 위해 세례를 받듯 머리부터 발끝까지 소나기를 맞으면 마음이 정화되는 기분이다. 샤워기를 최고 강하게 틀면 흘러내리는 비눗물이 피부 속으로 스며들어 육신의 일부처럼 자리 잡은 헛된 욕망을 분쇄해 몸 밖으로 배출시킬지도 모른다. 온몸을 세차게 두들겨 맞으며 어제를 반성하고 깨우치는 이 순간은 어떤 고해성사와도 비교할 수 없는 성스러운 시간이다. 누군가 내 이마에 손을 얹고 기도라도 해주었으면 좋겠다.

사람 몸에서 손이 닿지 않는 부분이 있다. 그곳을 수필가 최민자 작가는 「외로움이 사는 곳」이란 작품에서 “아무리 애를 써도 만져지지 않는 견갑골 등성이 아래 후미진 골짜기”라고 표현했다. 그곳이 유별스레 가려울 때가 많다. 그래서 ‘나이 들면 등 긁어줄 사람이 필요하다.’는 말이나 효자손이라는 도구가 생겼을 것이다. 비누거품을 머금은 30㎝ 정도의 샤워용 수건 끝자락을 양손으로 잡고 가로세로 대각선 방향으로 등을 문지른다. 그렇게 한다고 가슴속 깊이 숨어있는 외로움을 쫓아낼 수 없지만, 사람을 만나 대화를 하거나 음식을 먹는 도중에 등을 간질이는 행동을 하지 않아도 된다. 등은 혼자 있을 때만 외로워야 한다.

마른 수건으로 전신의 물기를 말끔하게 훔쳐낸 후, 습기 찬 뿌연 거울을 닦는다. 다이빙 선수가 물속에서 나오듯 머리 얼굴 가슴 순으로 나신이 조금씩 드러난다. 우화등선하여 하늘에 오른 것 같은 기분이다. 콧노래를 흥얼거리며 스킨과 로션을 듬뿍 바른다. 특히 마른버짐이 가끔 생기는 눈가와 볼에는 한 번 더 바르고 비벼 외출 시 불쑥 나타나지 않도록 미리 단속한다.

외출 준비의 마지막은 빗질이다. 쿠션 브러시로 머리의 전체적인 윤곽을 잡고 꼬리빗으로 세세한 모양을 만든다. 가르마를 어느 쪽으로 탈까, 앞머리를 올릴까 말까 고민하다가 원래 하던 대로 한다. 변화는 새롭지만 내내 신경이 쓰인다. 드라이기 대신 맨손으로 머리를 매만지며 오늘도 즐겁게 의미 있는 하루를 만들자고 다짐한다.

집을 나서기 전, 한 번 더 거울을 본다. 거울 속에 괜찮은 남자가 미소를 짓고 있다.

집으로 가는 길

마무리할 시간이다. 회사의 업무나 동아리 모임을 마친 것은 아니다. 옛 직장 동료 두 명과 지하철역 근처 포장집에서 세 시간 동안 소주와 맥주를 마셨다. "여자가 셋이면 나무 접시가 들논다."는 속담처럼 남자들도 나이가 들면 수다가 많아지는 것 같다. 서로 언성을 높이거나 무슨 맹세를 한 것도, 특정인을 화젯거리로 삼은 것도 아니다. 그동안 마음속에 쌓아둔 이야기만 털어놓았을 뿐이다. 그래서 기분이 좋다.

얼마 전까지만 해도 시간은 중요하지 않았다. 건강과 가정, 미래도 걱정하지 않았다. 그저 현재밖에 없었다. 이제 눈앞에 보이는 즐거움보다 몸과 마음을 짓누르는 현실을 먼저 생각한다. 당구를 치고 2차로 노래방을 가는 게 당연한 순서였지만 아무도 그런 말을 꺼내지 않는다. 모두 건강과 가정을 위해 적당하게 다시고 집으로 돌아가려고 한다. 세월이 만들어 놓은 굴레 속에서 자신을 적절하게 통제해야만 자유와 평화가 보장된다는 것을 터득했다.

"자주 연락해라. 다음에 또 보자."는 인사와 함께 손을 굳게 맞잡으며 서로의 체온을 느껴본다. 친구 한 명이 택시를 타고 먼저 떠났다. 다른 친구는 지하철을 타기 위해, 나는 집으로 가기 위해 반대 방향으로 걸어갔다. 밤 열 시가 넘어 인적과 차량 통행이 뜸한 시간이지만 네온사인은 더 휘황하게 번쩍거린다. 살랑거리는 밤바람을 이기지 못하고 떨어지는 파란 은행잎 하나가 자동차 불빛을 향해 날아간다. 세상사 한 치 앞도 예측할 수 없다. 방금 헤어진 친구들과 언제 다시 만날지, 오늘이 마지막 술자리였는지도 모른다는 생각을 하면서 터벅터벅 걷는다.

평소에 자주 이용하는 은행의 '365 자동화기기' 코너는 아직도 대낮처럼 밝다. 한 달에 두세 번 정도 이 공간을 방문한다. 내가 은행카드를 처음 발급받고 현금자동입출금기를 이용한 지 30년이 훌쩍 넘었다. 여러 가지 은행 업무를 간편하고 빠르게 볼 수 있어 좋은 면도 있지만, 신용카드 대출을 너무 쉽게 받을 수 있다는 단점 아닌 단점도 있다. 젊은 시절 한때, 카드 돌려막기를 하면서까지 유흥이나 오락에 빠진 적이 있었다. 이제 다 과거지사이지만 아쉬운 생각이 많이 든다. 무엇이든 잘 이용하면 편리하지만 그렇지 못하면 후회와 절망을 하는 경우도 종종 일어난다.

몇 발짝 더 내려가 '광안골목시장' 입구에서 잠시 멈춘다. 퇴직하고 요리를 배우면서 자주 다니던 곳이다. 처음에는 시장에 간다는 자체가 어색하여 시장 아주머니들의 얼굴을 제대로 쳐다보지도 못했다. 시간이 지나면서 필요한 재료를 언제 어떻게 선택해서 흥정하고 덤을 얻는 방법까지 알게 되었다. 직접 만든 음식을 가족들이 잘 먹어준다는 즐거움에 새로운 요리에 도전하는 것을 주저하지 않았다. 지금은 음식을 만들어도 먹어 줄 사람이 없어 시장에 자주 다니지 않지만, 어딜 가든 간단한 요리는 직접 해 먹을 수 있다는 자신감을 얻었다. 나름 고생은 했으나 보람도 있었다고 생각하며 입가에 미소를 지어본다.

술기운이 조금씩 오른다. 콧노래를 흥얼거리며 천천히 걸어가는 도중 입간판 하나가 발걸음을 가로막는다. 눈을 크게 뜨고 읽어보니, "금이빨 삽니다"라는 문구가 적혀있다. 왼쪽에 문이 굳게 닫힌 금은방이 보인다. '내 입속에 금니는 없고 썩은 이빨은 있는데….' 그냥 지나치려는데 왠지 서글픈 생각이 든다. 내 몸에 금니는 고사하고 반지와 목걸이, 그 흔한 시계도 없다. 능력은 있는데 귀찮아서 안 하는 것과, 능력이 없어 못 하는 것은 다르다. 나는 후자에 속한다. 내 재산이라고 내세울 수 있는 것은 작은 집 한 채뿐이다. 남들은 시골에 땅 조금 있다고 대수롭지 않게 말하는데, 나에게는 꿈속의 꿈이다. 열심히 산다고 살았지만 잘못 산 것 같아 상실감이 몰려온다. 그래도 돌아갈 집이 있고, 나를 기다리는 가족이 있고, 아들 두 놈 직장생활 잘하고 있다는 것을 위안으로 삼으며 걸음을 재촉한다.

종합병원과 예닐곱 개의 약국이 즐비해 있는 거리를 지나야 한다. 이 병원을 지날 때면 항상 정문을 한 번 쳐다보고 간다. 내가

40대 중반이었을 때 어머니가 마지막으로 입원한 병원이다. "곧 돌아가실 예정이니 환자가 원하는 곳으로 모시세요."라는 의사의 진단 아닌 지시를 받았다. 129구급차에 겨우 숨만 쉬는 어머니를 태우고 마산의 형님 집으로 가던 때가 엊그제 같은데 벌써 15년하고 2년이 더 지났다. 가끔 병원 문을 열고 웃으면서 나오는 어머니를 상상한다. 지금 어머니가 나오면 "술 좀 적게 먹고 다녀라."라고 잔소리를 하실 것 같다. 어머니의 그 잔소리가 듣고 싶다.

마주 오는 행인들의 시선을 피하며 대형마트에서 좌회전을 한다. 금련산과 내가 사는 아파트가 보인다. 왕복 4차선인 이 도로는 내가 아파트를 분양받아 이사 왔을 때 썰렁하고 아무 재미도 없는 거리였다. 지금은 여러 종류의 음식점과 다양한 가게들이 경쟁적으로 들어서 시내 중심가를 방불케 한다. 그중에서 술을 한잔 마시고 집으로 갈 때 나를 가장 힘들게 만드는 곳은 돼지국밥집이다.

24시 돼지국밥집에서 풍겨 나오는 구수한 냄새는 나의 모든 생각과 행동을 멈추게 만든다. 유리문을 통해서 보이는 가족들, 친구들, 연인들끼리, 또는 혼자 앉아서 국밥을 후루룩 불어가며 맛있게 먹는 모습을 보며 침을 꼴깍 삼킨다. 뛰어들어가 먹고 싶지만 지금 시간에 국밥을 먹으면 다음 날 오전 내내 속이 부대낀다. 포기하고 집으로 올라간다. 10M 정도 가다가 다시 돌아온다. '아! 먹고 싶다.' 고양이가 생선가게를 어슬렁거리듯이 국밥집 앞을 몇 바퀴 돌아본다. 아무래도 오늘은 그냥 가야겠다. 술을 마시면서 닭볶음탕, 고갈비, 계란말이를 너무 많이 먹었다.

내일 아침 식사는 거르고 점심때 돼지국밥을 먹어야겠다는 큰 기대감을 안고 힘차게 걸어 올라간다. 누구나 하고 싶은 일 다 하고, 입고 싶은 옷 다 입고, 먹고 싶은 것 다 먹고 살 수는 없다. 애틋함과 미련이 남지만 언젠가 할 수 있다는 희망도 마음속에 남는다. 희망이 있는 한 인생은 즐겁고 우리가 살아가는 이유로 충분하다.

아파트 상가 입구에 자판기가 설치되어 있다. 내가 술을 마시고 집으로 들어가기 전 마침표를 찍는 장소다. 커피를 한 잔 마시면서 하루를 반성하고, 오늘 만난 친구들의 얼굴도 떠올려 본다. 즐거움과 아쉬움을 정리한 후 집으로 향한다.

자정이 가까워진다. 조금 있으면 또 다른 하루가 시작된다.

대전에 가면

50대 중반까지 군대에 다시 가는 꿈을 자주 꾸었다. 이미 갔다 왔다고 아무리 우겨도 M16 소총을 어깨에 메고 붉은 모자를 쓴 조교는 막무가내였다.

"너는 다시 가야 해."

나는 그때마다 도망을 치다 붙잡혔고 눈물을 흘리며 끌려가다가 잠이 깨곤 했다. 이제 그런 꿈은 꾸지 않지만 대신 함께 근무하던 선임과 후임이 가끔 꿈에 나타난다.

1. 서병장

신병훈련을 마치고 최전방부대에 배치받았다. 불안하고 힘든 시간을 보내고 있던 나를 '서병장'이 챙겨주었다. 그는 대전 출신으로 서울에 이름난 대학의 법대를 다니다가 데모 주동자로 체포되었다. 공안 사범으로 몰려 교도소에 갈 상황이었으나 많은 권력과 재산을 소유한 그의 친인척들은 그를 이곳 전방에 근무할 수 있도록 손을 써주었다. 부대에서 가끔 말썽을 일으키기도 했지만 별다른 처벌은 받지 않았다.

서병장과 함께하는 야간철책근무 여섯 시간은 대화의 시간이었다. 주로 청춘과 자유, 사랑에 관련된 철학적, 사상적 이야기를 많이 나누었다. 학식이 부족한 나는 고개만 끄덕거리는 편이었다. 그는 시간만 나면 내무반 구석에 기대어 두꺼운 책을 보았고, 나는 그런 모습이 부럽고 존경스러웠다. 가끔 내가 부당한 대우를 받고 있으면 그가 달려와서 합리적으로 해결해 주었다. 나는 그를 큰형처럼 믿고 따랐다.

"내가 제대하고 1년 후에 까만 승용차를 타고 너를 면회 올 거야."

"정말입니까? 기다리겠습니다."

그가 제대한 후 우리 부대는 철책에서 전투지역(FEBA)으로 이동했다. 가끔 그가 면회 온다는 말이 생각났지만 기대는 하지 않았다. 많은 선임병이 제대하면서 같은 말을 하지만 실제 면회를 오는 경우는 거의 없다는 이야기를 여러 번 들었기 때문이다.

싸리나무를 베어 울타리 작업을 하고 있던 토요일 오후였다. 군용 차량 마크도 없는 까만 승용차가 우리 중대 입구 초소에 멈추었다. 운전석 문이 열리면서 까만 선글라스와 양복을 착용한 젊은 신사가 내렸다. '아! 그분이 오셨다.' 나는 손에 쥔 싸리나무를 던지고 승용차가 있는 곳으로 바람처럼 달려갔다. 거수경례를 올리고 포옹을 하면서 너무 반가운 마음에 눈물이 글썽거렸다.

그는 트렁크에 실린 많은 먹거리와 술을 부대에 전달했고, 나는 외박증을 받아 그를 따라 나갔다. 철책 근무를 설 때처럼 여러 가지 이야기를 나누며 융숭한 대접을 받았다. 그의 언행이 특별하게 바뀐 것은 없었다. 나는 술에 취해 잠이 들었다. 아침에 눈을 뜨니 메모만 남아 있었다. 휴가를 나가면 그에게 연락할 수 있는 대전과 서울의 집 전화번호가 적혀있었다.

비가 억수같이 오는 날, 임진강 도하훈련 중에 그 글자와 숫자가 적힌 메모지는 강물을 따라갔다. 그에 관한 기억도 점점 사라졌다.

2. 최일병

제대를 6개월 정도 앞둔 어느 토요일 오후였다.

"양 병장, 면회 왔다."

계절이 지난 잡지, 『선데이서울』을 보고 있던 나는 소대장의 말에 깜짝 놀랐다.

"나를…, 정말요?"

"방금 대대 위병소에서 연락이 왔어. 여자라고 하던데, 애인 아니야?"

나는 아직 한 번도 면회를 오지 않은 가족과 여자 친구들의 얼굴을 떠올리며 잠시 멍하게 앉아있다가 소대장의 재촉에 못 이겨 관물함의 외출복을 챙겨입었다. 어느새 후임병 누군가가 내 군화를 파리가 미끄러질 정도로 번쩍거리게 닦아 놓았다.

면회장이 있는 위병소까지 걸어가면서 내가 사는 남쪽 끝 마산에서, 북쪽 끝 경기도 연천까지 어떤 여자가 나를 만나러 왔는지 궁금했다. 위병소에 도착하자마자 면회 신청자가 '이미연'이라는 것을 확인한 후, 외출증을 받았다. 기억력을 총동원해 보았지만, 이미연이란 이름은 내 머릿속 인명사전에 기록되어 있지 않았다.

기대감과 약간의 두려움을 안고 면회장, PX의 문을 열었다. 많은 민간인과 군인이 뒤섞여 앉아있는 곳을 아무리 둘러봐도 내가 아는 여자는 없었다.

"양 병장님! 여기요."

일찍 면회를 나간 '최일병'이 일어선 채 손을 흔들며 나를 힘차게 불렀다. 그의 좌석에는 어르신 두 분과 아가씨 한 명이 테이블 위에 여러 가지 음식을 펼쳐놓고 웃음꽃을 피우던 중이었다. 반가운 마음에 달려가 어르신께 인사를 하고 합석을 했다. 최일병은 부모님과 자신의 약혼녀 이미연을 나에게 소개했다. 최일병의 아버지는 아들을, 최일병의 요청으로 그의 약혼녀는 나를 면회 신청한 것이었다.

최일병은 나와 동갑이지만 대학 2학년을 마치고 입대한 관계로 나보다 20개월 늦은 후임이다. 군에서는 짬밥이 중요하고 3개월만 빨라도 하늘 같은 고참이지만 성격이 비슷한 그와는 친구처럼 지내고 싶었다. 경계근무를 함께 서면서 많은 대화를 나누었고 평상시에도 이것저것 챙겨주었다. 어쩌면 제대하고 1학년 2학기에 복학해야 하는 나의 부담감을 해소하고 싶은 마음도 있었을 것이다.

대전에 사는 그의 가족은 수시로 면회를 왔고 나는 세 번이나 더 이미연의 부름을 받고 나갔었다. 제대 후 군대 주소로 편지를 한 번 주고받았으나 그게 끝이었다.

지금까지 나에게 크고 작은 벽돌을 선물한 사람이 많다. 나는 그 선물을 모아 아직도 완성되지 않은 인생의 집을 짓고 있다. 두 사람이 건네준 작지만 예쁜 벽돌이 내가 사는 집을 지키는 담장의 일부라는 것을 40년이 지난 지금에서야 알게 되었다. 나는 그들에게 자갈돌 하나 주지 못했다는 아쉬움이 잠자리를 뒤척거리게 만든다.

서병장과 최일병은 대전에 살았다는 공통점이 있다. 얼마 전 수필 관련 세미나가 1박 2일 일정으로 대전에서 열렸다. 버스를 타고 가는 내내 그들의 웃는 모습이 아른거렸다. 대전에 있는 사찰과 수목원을 방문했을 때 행락객들의 얼굴만 바라보았다. 세미나 중에도 밖으로 나와 행인들을 관찰했다. 행사를 마친 뒤풀이 시간에도 출입문을 들락거리는 손님들만 주시했다. 군대 동료를 만나고 싶은 나의 마음이었다.

언젠가 다시 대전에 가면 그들을 생각하며 온종일 정처 없이 돌아다니고 싶다.

낭만에 대하여

지난 어버이날이었다. 모처럼 따로 사는 자식들과 외식을 했다. 기념일을 구실 삼아 가족이 한자리에 모여 음식을 먹고 즐겼다는 데 만족한다. 식사를 마치고 얼마 후에 열리는 '세시봉' 공연 입장권 두 장을 감사의 선물로 받았다. 현실적으로 현금이 최고지만 학창 시절 좋아했던 가수들의 공연을 보면서 낭만적인 분위기에 젖을 수 있도록 만들어 준 자식들의 배려가 고마웠다.

학교 동기 부부 모임에 참석한 친구가 "어디 조용한 곳에 가서 1년만 쉬었다가 오는 게 나의 로망이다."라고 말하자 몇몇 남자들이 고개를 끄덕였다. 그의 아내가 빈정대는 투로 "남자들 빼고 여자들 서너 명만 모여 유럽으로 한두 달 여행 가는 게 나의 로망이다."라고 말했다. 여자들이 환한 표정으로 맞장구를 치면서 좋아했다. 30

년 넘게 동고동락한 부부지만 각자의 바람은 다르다.

낭만은 감미롭고 감상적인 심리나 태도를, 로망은 하고 싶은 소망이나 이상을 뜻하지만 두 단어의 뿌리는 같다. '낭만'이란 단어는 일본 소설가 '나쓰메 소세키'가 1907년 평론집 『문학론』에서 'Romanticism'을 한자어 '浪漫'으로 음차하여 처음 사용하였다. 한자 자체에 특별한 뜻이 없는 일본말 '로만'은 우리말 낭만으로 번역되었다. 우리나라에서는 '낭만과 로망, 로맨티시즘'이란 각각의 단어가 주는 어감에 차이가 있으나 일본에서는 같은 느낌으로 받아들인다고 한다.

가끔 친구들과 노래방에 가면 '최백호'의 「낭만에 대하여」를 즐겨 부른다. 노래를 잘하는 편은 아니지만, 이 노래를 부르면 그냥 기분이 좋아지고 친구들도 노래를 따라부르며 잠시 회상에 잠긴다.

> 밤늦은 항구에서/ 그야말로 연락선 선창가에서
> 돌아올 사람은 없을지라도/ 슬픈 뱃고동 소릴 들어보렴
> 첫사랑 그 소녀는/ 어디에서 나처럼 늙어갈까
> 가버린 세월이 서글퍼지는/ 슬픈 뱃고동 소릴 들어보렴
>
> — 최백호의 「낭만에 대하여」 2절 중에서

중년들 대부분 이 노래를 좋아한다. 첫사랑에 대한 추억을 되살리고 잠시나마 낭만적 분위기에 빠져들 수 있기 때문이다. 버스 정류소에서 만났던 소녀에게 밤새 적은 쪽지를 전해주지도 곳하고 가슴만 콩닥거리던 기억, 긴 머리 소녀와 함께 동네 골목길까지 우

산을 쓰고 오면서 말 한마디 못하고 얼굴만 붉어졌던 기억, 몇 번 편지를 주고받던 소녀가 갑자기 연락이 없어 잠 못 이루고 뒤척거리던 기억. 순수했던 학창 시절이 떠오르고 그 소녀는 어디에서 잘 살고 있을까 하는 궁금증도 생긴다.

사람들은 소설이나 영화에 나오는 낭만적인 사랑을 한 번쯤 해 보고 싶은 로망을 갖고 있다. 젊은 남녀가 서로에게 마음이 이끌려 뜨거운 애정을 나누는 본능적인 사랑을 꿈꾼다. 이몽룡과 성춘향, 로미오와 줄리엣, 영화 「타이타닉」에 나오는 '잭과 로즈'의 사랑처럼 죽음을 불사하는 강렬한 사랑을 동경한다. 환상적인 사랑은 문학 작품에서만 가능한 이야기일 뿐 현실적으로 거의 불가능하지만 그런 유혹에 빠지는 사람도 종종 있다. 첫사랑을 그리워하고 장미 한 송이 전해주지 못했던 풋사랑을 아쉬워하며 살아가는 것이 평범한 우리들의 낭만이다.

대입 재수를 하던 시절, 나의 최고 로망은 대학에 가는 것보다 음악다방 DJ가 되고 싶은 것이었다. 긴 머리를 손으로 넘기며 수많은 LP판에서 신청곡을 순식간에 찾아낸 후, 부드러운 멘트와 함께 음악을 틀어주는 DJ가 너무 존경스러웠다. 그 소망을 이루기 위해 다양한 대중가요를 밤새 들었고, 팝송 관련 월간지의 구독을 소홀히 하지 않았다. 운 좋게 외곽 지역의 음악다방에서 DJ를 한 달 정도 할 수 있었다. 친구들과 처음 보는 젊은 남녀들이 나를 너무 부러워하는 것 같았다. 나야말로 음악을 알고 즐기는 최고의 낭만주의자라고 생각했다.

그 후 세월이 흘러 낭만적이라고 착각했던 DJ에 관한 추억은 나를 보여주기 위한 허세에 불과했다는 것을 깨달았다. 음악에 대한 기본도 없으면서 아는 척, 잘난 척하기 위해 인생의 가장 중요한 시기를 허비했다. 지나간 추억이 다 아름다운 것은 아니라는 생각도 들었다.

몇 년 전, 세상을 떠난 동료가 있다. 그는 둘째가라면 서러울 정도로 낭만적으로 살았다. 월급을 받으면 매번 새 레코드를 구매하면서 전축의 스피커를 교체했다. 최적의 낚시 장비를 마련하여 주말이면 바닷가에서 살다시피 했다. 언제든지 연락하면 달려 나와 술좌석에도 빠지지 않았다. 동료들이 그를 부러워했지만 흉내 낼 수는 없었다. 결점이라면 신용카드와 대출 문제로 맞벌이하는 아내와 자주 다투어 자식들이 힘들어했다는 사실이다. 어쨌든 그는 즐겁게 살다가 짧은 생을 마감했다.

고전주의가 형식과 이성을 존중하는 사조思潮라면, 낭만주의는 개인의 행동과 상상의 자유, 주관적인 해석을 중요하게 여긴다. 낭만주의 사고가 그렇다 하더라도 최소한 주변의 환경과 가족을 생각하는 배려가 있어야 한다. 부부간의 신뢰와 자식에 대한 책임을 충분히 생각하면서 인생을 즐겨야 진정한 낭만주의자라고 생각한다. 혼자만의 삶을 즐기고 싶으면 처음부터 혼자 살아야 한다.

낭만은 로망을 실현하기 위한 행동의 결과로 나타난다. 자연인이 되고 싶으면 산이나 섬으로 떠나야 하고, 유럽으로 여행 가고 싶으면 마음 맞는 친구들과 계획을 짜고 적금을 넣는 단호한 결단이 필요하다. 아름다운 정원과 넓은 수영장이 있는 저택에서 살고 싶으면 돈을 벌기 위한 남다른 노력이 뒤따라야 한다. 목표를 달성하여 낭만적인 삶을 산다고 하더라도 주변 사람들 모두가 부러워하거나 존경하지는 않는다. 낭만은 지극히 주관적이고 상대적인 개념이기 때문이다.

달콤한 추억보다 씁쓸한 추억이 더 그리워질 때가 있다. 업무를 처리하기 위해 밤새 고민하고, 눈코 뜰 새 없이 바쁘게 뛰어다니던 시간이 오히려 낭만적이었다는 생각이 든다. 쓰라린 고통을 잘 이겨낸 결과 현재의 내가 존재한다. 미래의 행복을 위해 피와 땀을 흘릴 수 있는 사람이 최고의 낭만주의자일지도 모르겠다.

낭만은 현실과 이상 사이에서 공존해야 한다.

삭제

카카오톡은 편리한 모바일 메신저 앱이다. 대다수 국민이 이용할 정도로 점유율이 높다. 가족, 친구들과 소식을 나누며 희로애락을 함께한다. 자식들과 손쉽게 대화하고 손주들의 방긋 웃는 동영상은 물론 게임, 쇼핑, 내비, 은행 업무까지 손쉽게 이용할 수 있다. 카카오톡 사용자는 모바일 시대에 동참하고 있다는 자부심까지 느낀다.

서너 명의 소모임부터 이백 명이 넘는 문학단체까지 몇 개의 단톡방을 직접 만들어 운영한 적이 있다. 방을 만든 목적과 취지는 조금씩 다르다. 친구나 학교 동기들 방에서는 시답잖은 내용이 게시되어도 시시덕거리고 지나가면 그만이다. 직장이나 예술인들의 방에는 그 모임의 성격이나 특징에 맞는 내용을 올려야 한다. 단톡방에서 개별 안부를 묻는다든지, 개인적으로 좋아하는 글이나 영상을 게재하는 것은 큰 실례다. 자기 과시와 만족을 위해 의도적인 경우도 있으나 깜박 실수로 올리는 사례도 적지 않다.

"인규야, 잘 지내나?" 아들에게 카톡을 보냈다. 바로 답이 왔다.

"그래. 잘 지낸다. 니는?" 깜짝 놀라 대화방 이름을 보니 학교 동기들 방이었다. 보낸 내용을 급하게 삭제했다. 얼마 전, 문인들 단톡방에 피를 철철 흘리며 끝까지 싸우는 격투기 동영상이 올라왔다. 실수로 영상을 올린 회원에게 곧바로 전화해서 삭제를 요청했으나 삭제할 줄 모른다는 답이 돌아왔다. 잘못 쓴 글씨를 지우개로 지우듯 대화방에 올린 메시지도 직접 삭제할 수 있어야 진정한 모바일 시민이라 할 수 있다. '단톡방'이라는 가상의 공간은 보편적인 사고와 타인을 위한 배려가 필요한 곳이다.

'삭제'라는 말을 들으면 컴퓨터 작업을 하다가 실수했던 기억이 떠오른다. 컴퓨터를 처음 배우던 초보 시절에는 많은 시행착오가 있었다. 바이러스에 감염되어 자료를 몽땅 날려버리거나, 밤새 작업한 문서를 어떤 폴더에 저장했는지 몰라 당황하거나, 부주의로 파일을 삭제하는 경우가 가끔 있었다. 그럴 때마다 컴퓨터 본체를 발로 차거나 주먹으로 두들기며 성질을 내기도 했다. 옆에 있던 컴퓨터 고수가 훈수를 던졌다. "기계는 절대 거짓말하지 않는다. 모든 문제는 사용자 부주의에서 일어난다." 30년 가까이 컴퓨터를 다루면서 항상 명심하는 문구다.

요즘 누구든 쉽게 활용하는 인터넷에는 장단점이 있다. 알고자 하는 욕구와 지루함을 해결하기 위해 컴퓨터와 스마트폰에서 원하는 정보를 쉽게 찾을 수 있는 게 장점이다. 안방에 누워서 프랑스 루브르박물관의 소장품을 감상할 수 있다. 반면 개인정보를 제공해야 하는 불편한 점도 있다. 사이트마다 앱마다 다른 아이디와 비밀번호를 이용하다 보니 시간이 지나면 헷갈릴 때도 있고 전혀 기억이 나지 않아 다시 회원가입을 한 적도 있다. 지금은 스무 개 넘는 ID와 비번을 스마트폰 메모장에 저장해 놓고 필요할 때마다 찾아본다.

앞으로 몇십 년 후, 페이스북과 같은 소셜미디어(SNS)에는 산 사람보다 고인의 계정이 더 많을 거라고 말한다. 사용자가 갑자기 사망하더라도 개인정보는 살아 있다. 누가 지워주지 않으면 다년간 타인이 도용하거나 구천을 떠도는 혼령처럼 인터넷 공간을 쓸쓸히 돌아다닐지도 모른다. 그 문제를 해결하기 위해 '디지털 장의사'라는 새로운 직업이 탄생했다. 그들은 가족으로부터 개인정보를 받아 고인이 인터넷에 남긴 여러 가지 기록을 삭제해 주고, 필요하면 사이버 추모관을 만들어 가족과 지인들만 접근해서 고인이 남긴 자료를 보고 그리움을 달랠 수 있도록 해준다. 사후에 가족들을 위해서라도 개인정보를 함부로 남발해서는 안 된다.

반면에 삭제한 기록을 복원시켜야 하는 사람도 있다. 금융과 카톡 사기, 상속과 이혼 문제, 불륜관계 등의 사건과 연관됐을 때 상대방과 주고받은 대화가 결정적인 증거로 인정된다. 삭제된 통화기록, 카톡, 문자, 댓글 등의 데이터를 '디지털 포렌식' 기법으로 복구할 수 있다. 검경檢警에서 활용할 뿐만 아니라 일반인들의 수요도 늘고 있어 이를 전문적으로 해결해 주는 회사가 번창하고 있다. 인터넷은 야누스처럼 양면성을 갖고 있다. 회원가입과 탈퇴, 삭제와 복원, 선과 악. 그 선택은 오롯이 사용자의 소신과 양심에 따라 결정된다.

현재를 살아가는 어른들은 이정표 없는 교차점에서 갈등한다. 전통주의와 개인주의, 국가주의와 세계주의, 아날로그와 디지털이 공존하는 시대의 혼돈에서 표류하고 있다. 옛것과 새것 중 어느 쪽이 좋고 나쁘다고 단정 지을 수 없다. 신세대와 구세대가 자신들의 주장만 내세운다면 공동체는 혼돈과 무질서 속에 빠질 것이다. 신구新舊 세대가 함께 생각을 공유하고, 서로 이해하고 존중한다면 우리 사회는 모두가 바라는 세상으로 순풍에 돛 단 배처럼 나아갈 수 있지 않을까 생각한다.

컴퓨터 키보드에는 백스페이스키(←)와 딜리트키(Delete)가, 스마트폰에는 ←만 있다. 둘 다 문서작성 중 잘못된 글자를 삭제할 수 있다는 공통점이 있으나 그 기능은 다르다. ←는 커서가 있는 현재 위치에서 왼쪽으로 흘러간 과거의 글자를, Delete는 오른쪽으로 다가오는 미래의 글자를 삭제한다. 사람들의 마음속에도 불필요한 과거와 미래를 삭제할 수 있는 키가 하나씩 있으면 얼마나 편리할까.

복구보다 삭제하고 싶은 기억이 더 많다. 형편이 어려웠던 고등학교 시절 영어, 수학 참고서를 산다고 몇 번이나 거짓말을 해서 돈을 뜯어냈고, 젊은 혈기에 술을 과하게 마시고 남의 집 벨을 눌러 욕을 바가지로 들었고, 학생들에게 공부만 열심히 하면 잘살 수 있다는 뻔한 거짓말을 밥먹듯이 하면서 인성교육을 제대로 하지 않았다. 순간의 기분과 욕심으로 판단하고 이기주의와 편의주의에 따라 행동했던 과거의 행적들을 모아 ← 한 방으로 삭제하고 싶다.

"걱정한다고 걱정이 없어지면 걱정이 없겠네."라는 티베트 속담을 좋아한다. 우리는 미래를 너무 많이 걱정하고 산다. 본인과 가족의 건강, 친구와 이웃의 고민, 정치와 경제 문제 등의 걱정을 만들어서 한다. 스스로 만든 미래에 대한 근심과 걱정도 한곳에 모아 Delete로 삭제할 수 있으면 좋겠다.

누구든 이승에서 삭제되고 저승이라는 새로운 세상에 등록해야 한다. 그때 ID와 비밀번호를 무엇으로 할지 고민해 본다.

흥정

상품의 가격은 수요와 공급에 따라 결정된다. 경제학의 아버지, '애덤 스미스'는 『국부론國富論』에서 가격은 '보이지 않는 손(Invisible hand)'에 의해 정해진다고 언급했다. 누군가 인위적으로 가격을 통제하지 않아도 수요가 많으면 가격이 오르고 공급이 많으면 내려가도록 조절하는 신神의 손이 존재한다는 이론이다.

전염병이 갑자기 유행하면 마스크 가격이 오르고 풍년이 들면 농산물 가격이 내리는 것처럼 대부분 상거래에 수요와 공급의 법칙이 적용되지만 예외도 있다. 기업들의 독과점과 할인판매, 소비자들의 사재기와 불매운동은 수급의 원칙으로 설명할 수 없다. 부동산시장에서는 거간꾼이라 부르는 중개인의 능력에 의해, 재래시장에서는 상인과 소비자 간의 흥정으로 가격이 결정되는 경우가 허다하다. 모든 게 원칙대로만 이루어진다면 세상 사는 재미는 반감될 것이다.

흥정은 물건을 사고팔기 위해 품질이나 가격 따위를 의논하는 행위를 말한다. 적당한 이윤을 남기려는 상인과 원하는 물건을 싸게 사고 싶은 소비자, 둘 사이의 흥정은 상호 간의 합의점을 찾아가기 위한 담판이다. 담판은 어느 한쪽이나 양쪽이 각자의 이익을 양보해야만 서로가 만족하는 결과를 얻을 수 있다. 상인은 마음속에 정해놓은 이윤을 조금 낮추고 소비자는 계획된 비용보다 조금 더 지급한다면 흥정을 흥겹게 끝낼 수 있다. 평행선은 어느 한쪽이 굽히지 않으면 절대 만날 수 없다.

물건을 살 때는 자신의 취향과 형편을 고려하고, 가성비도 따져봐야 한다. 여유가 있으면 고가의 유명 브랜드 상품을 사는 것도 좋지만 가까운 시장에 가서 마음에 드는 물건을 고른 후, 흥정하면서 가격을 깎는 재미도 쏠쏠하다. 흥정하는 과정에 약간의 배짱과 철면피가 필요하지만, 너무 무리하게 가격을 올리거나 깎아달라고 요구하면 역효과가 나올 수도 있다. 흥정에도 예의와 정도가 있다.

일반적으로 남자는 여자보다 흥정에 약하기도 하지만, 아예 흥정할 생각을 하지 않는다. 아내가 필요한 물건을 구매하기 위해 백화점이나 마트에 가면, 운전기사로 따라간 남편은 주차장에 머물거나 다른 볼일을 본 후, 물건을 사 들고 온 아내와 다시 만난다. 일전에 아내가 옷을 사는 가게까지 따라갔다가 아내와 얼굴을 붉히고 말다툼을 했던 경험을 반복하고 싶지 않기 때문이다. 남자들은 상품을 고르고 가격을 흥정하는 자체를 창피스럽고 자존심 상하는 일이라고 생각한다. 여자들이 쇼핑하러 가면 왜 긴 시간을 투자하면서 즐거워하는지 남자들은 골똘히 생각해 볼 필요가 있다.

내가 장사한 경력을 전부 합치면 4년 정도 된다. 대입 재수를 하면서 어머니의 과일 가게에서 1년 가까이, 퇴직하고 편의점과 대형문구점 점장으로 3년 넘게 일을 했었다. 직원으로서 소비자들이 만족하는 상품을 판매하고, 관리자에게 많은 이문을 챙겨주는 일은 생각보다 쉽지 않다. 처음에는 부끄러워 입이 떨어지지 않았고 매사에 소극적이었으나 시간이 흐르면서 흥정에 자신감이 생겼다. 동작도 물 찬 제비처럼 민첩해졌다. 장사를 잘했던 어머니의 유전자가 내 몸속에 흐르고 있다는 것을 알게 되었다.

'장사가 손해 보고 판다.'는 말은 옛날부터 내려오는 3대 거짓말 중 하나다. 과일을 팔면서 자연스럽게 터득한 비법이 있다. 원가 천 원 하는 사과 하나를 처음에는 천오백 원에 판다. 세 개를 사는 손님이 깎아달라고 하면 손님의 인상이 좋아서 오백 원을 할인해 준다는 말과 함께 흠이 약간 있어 판매할 수 없는 사과를 덤으로 준다. 손님은 환하게 웃으며 좋아하고, 그 손님은 단골이 될 확률이 높다. 해가 넘어갈 때쯤, 떨이를 위해 네 개 오천 원에 손해 보고 판다며 고함을 질러 손님들을 끌어모은다. 가끔 손해를 보고 팔 때도 있지만 대부분 적당한 이윤을 남기고 장사를 한다. 상인은 소비자들의 마음을 교묘하게 잘 이용한다.

문구점에서 근무할 때다. 가게 인근에 학교와 관공서를 비롯한 일반 회사들이 많아 장사가 제법 잘되었다. 주기적으로 관청이나 기업의 구매담당자가 사무용품을 매입하러 왔었다. 일반 손님들과 비교할 수 없을 만큼 큰손님이기 때문에 깍듯이 대접하고 안내했다. 상품을 대량으로 사면 10% 정도를 깎아주는 게 일반적인 관행이지만 그들은 상품에 표시된 정가대로 물건을 사고, 정확한 세금계산서를 원한다. 흥정과 할인은 안중에도 없다. 나는 감사와 고마움의 대가로 그 정도의 가치가 있는 물건을 개별적으로 선물했다. 근무하는 동안 그런 단골손님들이 제법 많았다.

요즘 시장에 갈 때면 흥정하는 재미로 간다. 난전에서 조기 새끼 열 마리 정도를 납작한 소쿠리에 올려놓고 만 원에 파는 아저씨가 있다. 조기를 바싹 구워 먹거나 조림을 해 먹으면 의외로 맛있다. 한 소쿠리를 사고 그냥 가기에는 뭔가 아쉽다. 입가에 미소를 지으며 밝은 목소리로 "아저씨, 다음에 또 올게. 몇 마리 찌아주소." 라고 말하면 아저씨는 "허허, 손핸데…."라고 하면서 한두 마리 더 넣어준다. 구두를 살 때는 매번 가는 구둣방에 가서 꼭 오천 원 정도를 깎는다. 조기 새끼 몇 마리 더 얻어간다고 건강해지고, 몇천 원 깎는다고 부자가 될 것도 아니지만 그렇게 해야만 시장에 간 기분이 나고 발걸음도 가볍다. 흥정하다 보면 약간의 중독성을 느낀다.

연인이나 부부간에 미묘한 심리 싸움을 요즘 유행하는 말로 '밀당'이라 한다. 밀고 당기는 줄다리기를 비유하여 생겨난 용어다. 좋아하는 것처럼 당기기도 하지만 때로는 좋아하지 않는 것처럼 밀어내기도 한다. 밀당은 금전거래를 동반하지 않는 흥정의 일종이다. 연인 사이에 밀당을 적당하게 하듯이 상인과 소비자 사이에도 흥정을 적당하게 하다가 어느 선에서 합의를 해야 한다. 서로

밀고 당기는 심리전이 너무 길어지면 밀당도 흥정도 실패할 수 있다.

'싸움은 말리고 흥정은 붙여라.' 나쁜 일은 말리고 좋은 일은 권해야 한다는 속담이다. 좋은 일을 하면서 화를 낼 수는 없다. 상인과 손님이 서로 웃으면서 즐겁게 거래하는 태도가 흥정의 기본이다. 서로가 그런 마음으로 흥정을 한다면 특별한 어려움 없이 만족한 결과를 얻을 수 있을 것이다.

밝은 표정과 친절한 말씨는 상인과 소비자는 물론 우리 모두의 가장 큰 자산이다.

제 5 부

희망의 약속

촉

어느 마트에서 20대 남자 손님이 소주 두 병과 번개탄을 구매한 후 나갔다. 이를 본 여자 사장은 재빨리 쫓아가 차량번호를 확인한 다음 112에 느낌이 이상하다는 신고를 했다. 두 시간쯤 후, 자동차의 위치를 추적한 경찰은 극단적인 생각을 하고 있던 운전자를 찾아 무사히 가족 품으로 돌려보냈다는 인터넷 기사를 읽었다. 가게 여사장의 직감적인 판단이 한 생명을 구했다.

함께 술을 마시던 친구가 요즘 마누라가 무섭다며 너스레를 떨었다.

"얼마 전 초등학교 여자 동기를 우연히 만나 저녁 먹으면서 술도 몇 잔 마셨지. 두세 번 만난 후, 지난주에는 3차까지 갔다가 밤늦게 귀가했어."

다음 날, 아내가 "당신, 여자 생겼어요?"라고 물었다. 그는 카드 영수증은 찢어버렸고 특별한 흔적도 없어 친구들과 당구 치고 한 잔했다며 큰소리쳤다. 아내는 셔츠에서 배어 나오는 낯선 향기와 시선을 피하는 남편의 행동이 의심스러웠고, 심증을 확증으로 바꾸기 위해 계속 압박을 가해 왔다. 결국은 이실직고하며 용서를 빌었다고 한다.

사람마다 '촉'을 갖고 있다. '닿다, 느끼다'라는 의미를 지닌 한자 '촉觸'은 동물들이 뿔이나 더듬이로 기후나 환경변화를 감지하는 능력을 말한다. 불가에서는 '마음이 외부 환경이나 사물에 접촉되어 일어나는 심리작용'을, 기업에서는 '소비자의 변화하는 욕구에 빠르게 대응하여 시장을 선도하는 능력'을 촉이라 한다. 한마디로 '변화를 감지하여 대응해 나가는 능력'을 의미한다.

남자들이 아내 몰래 감추어 둔 비상금이 탄로 나거나, 다른 여자에게 관심을 보이다 들키면 여자의 촉이 무섭다고 말한다. 여자들의 촉은 연필 굴리듯이 찍거나, 대충 짐작하거나, 눈으로 직접 확인한 사실이 아니다. 평소 상대방에 대한 세밀한 관심과 관찰에 몇 가지 단서를 종합하여 결론을 내리는 여자의 직감이자 통찰력이다.

남편이 의심받는 행동을 자주 하면 아내의 촉은 진화해 나간다. 역설적으로 내면에 잠재된 촉을 개발시키면 또 다른 능력을 발휘할 수 있다는 의미이다. 촉이 발달하면 사회의 빠른 변화에도 쉽게 적응할 수 있고 자신의 미래에도 긍정적인 효과가 나타난다. 「종의 기원」에서 주장하는 진화론처럼 무엇이든 계속 고민하고 연구하면 발전할 수 있지만 그렇지 않으면 퇴보한다는 것은 자명한 사실이다.

주식과 가상화폐에 투자하거나 친구에게 거금을 빌려주었다가 낭패를 당했다는 이야기를 어렵지 않게 듣는다. 이러한 실수는 순간적인 판단 착오도 있지만, 특정한 문제의 성향을 잘 분석하여 정확하게 판단을 내리는 촉이 부족해서 그렇다. 운동을 열심히 하면 근육이 동작을 저절로 기억하듯 다양한 경험과 인문학적 소양을 꾸준히 넓혀 나가면 자연스럽게 촉이 발동될 수 있다. 좋은 기회가 왔을 때, 성공하느냐 못하느냐의 판단은 촉의 발달 여부에 따라 결정 난다.

난에서 새 촉이 나듯 마음속에 잠재된 촉을 찾아 키워 나가야 한다. 그 촉은 다른 사람에게는 없는, 자신만의 여섯 번째 감각기관으로 자리 잡을 수도 있다.

일년살이

앞만 보고 간다. 뒤로 갈 수도 없고 고장이 나서 멈춰 서는 일도 없다. 오늘은 어제처럼, 내일은 오늘처럼 똑같은 속도로 찬찬히 가야만 한다. 그런데도 사람들은 철 지난 나의 외피를 뜯어내면서 "세월 참 빠르네."라고 말한다. 나는 가정집과 사무실의 벽면에 붙거나 책상 위에 앉아서 사람들의 행동을 관찰한다. 그렇다고 잘잘못을 가려 칭찬이나 핀잔을 하지는 않는다. 그저 묵묵히 지켜볼 뿐이다.

나는 인간들에게 일상생활의 편리함을 제공하기 위해서 태어났다. 지금은 당연한 것으로 생각하는 시간과 날짜, 계절의 개념이 하루아침에 만들어진 것은 아니다. 고대 사람들은 해가 뜨고 지는 것을 수백, 수천 년을 보고 겪으면서 언제 비와 눈이 많이 오는지, 언제 씨를 뿌리고 수확을 해야 하는지, 언제 축제와 의식을 치러야 하는지를 터득하게 되었다. 일정한 주기로 되풀이되는 현상에 근거하여 인간의 필요성과 편의성에 의해 내가 세상에 나오게 되었다.

동서고금을 막론하고 혼란이 없었던 시대는 없다. 나의 출생과 관련하여 태양과 달 사이에 논쟁은 있었지만 별다른 문제 없이 태양이 승리했다. 나는 태양력에 의해 만들어지지만, 농사를 짓거나 출항을 할 때, 하늘에 제를 올리는 날에는 달의 주기를 사용한다. 서로 공존하면서 화합하는 정신을 비도덕적인 정치인들이나 편향적인 보도를 일삼는 언론인들이 좀 배웠으면 하는 마음이다.

나의 생김새는 오로지 네모 모양이다. 그 사각형 안에 요일과 숫자가 정렬되어 있다. 풍경화나 정물화, 추상화 같은 그림이 그려진 것은 가정이나 사무실에, 야한 여자 사진이 있는 것은 당구장이나 술집에 걸려 있다. 포장집에서 술에 취한 남자들은 나를 보면서 침을 흘리거나 입을 벌린 채 눈만 껌벅거린다. 세월의 흐름과 미래의 계획을 알려주는 나의 본모습을 생각해주면 좋겠다.

사람들은 나의 빈 여백에 메모나 낙서를 하기도 하지만, 대부분 숫자에 동그라미를 치고 가족의 생일과 기념일, 기일, 동호회, 친목회 등 각종 행사 일정을 적어 놓는다. 어떤 여자들은 빨간 매직으로 자신의 생일날을 크고 진하게 표시하기도 한다. 남자들은 그 일정에 맞추어 언행을 잘해 칭찬을 듣기도 하지만 깜박 잊어버리고 욕을 듣는 경우도 허다하다. 내 몸에 어떤 표시를 하든 내가 상관할 바 아니지만 제발 나에게 삿대질을 하면서 부부가 싸우는 일은 없었으면 하는 마음이다.

나의 생명은 1년에 불과하지만 열두 명의 자식이 있고, 서른 명 정도의 손자가 있다. 손자들은 아비가 지어놓은 일곱 개의 아파트에 나누어 살면서 자주 왕래한다. 한 달에 한 명의 자식이 나보다 먼저 세상을 떠나는 아픔이 있지만, 시간이 흘러 내가 세상을 떠나면 자식들이 모두 다시 태어난다는 것이 얼마나 다행인지 모르겠다. 자식들이 행복하게 오래 살 수 있다면 부모가 더 바랄 게 무엇이 있겠는가.

내 품에서 떨어져 나간 자식들은 폐지로 분류되어 재생의 길을 걷는다. 옛날에는 여러 분야에서 다양한 삶을 좀 더 누릴 수 있었다. 아이들이 만든 딱지와 비행기, 배에서는 그들의 꿈을 읽었고, 학생들이 책 꺼풀을 입히거나 어려운 수학 문제를 푸는 연습장으로 사용할 때는 그들의 열정을 보았다. 어머니들이 맛있게 부친 전을 소쿠리보다 먼저 맛보게 해줄 때는 따뜻함을, 어르신들이 가위로 정성스럽게 자른 나의 분신들을 뒷간에 걸어 놓았을 때는 시골의 향긋한 냄새를 느낄 수 있었다. 옛 추억을 그리워하는 마음이야 누구나 다 똑같겠지만 세상이 편리성과 효율성 위주로 빠르게 변한다는 것도 인정하지 않을 수 없다.

나의 손자들은 검은색이나 빨간색 옷을 입고 있다. 사람들은 유독 빨간 옷을 입은 손자를 좋아한다. 그 손자들 서너 명이 연속해서 가로줄을 서 있기라도 하면 연인이나 가족들은 며칠, 아니 몇 달 전부터 국내외 유명 관광지를 가기 위한 계획을 세운다. 그 즐거운 시간이 지나면 검정 옷을 입은 손자들을 보면서 한숨을 쉰다.

"열 손가락 깨물어 안 아픈 손가락이 없다."는 속담처럼 검은 옷을 입은 손자들도 사랑을 좀 받고 자랐으면 하는 생각이다.

나는 생일이 없지만 일 년에 자신의 생일을 두 번 챙기는 얌체족도 있다. 그 정도는 애교로 봐줄 수 있으나 나의 자식과 손자의 외모를 이용하여 '무슨 데이'라고 이름을 붙여놓고 돈벌이를 하는 사람도 있어 속이 상한다. 3월 3일(삼겹살데이), 5월 2일(오이데이), 11월 11일(빼빼로데이) 등은 우리 가문에 없는 이름이다. 게다가 누군가가 만들어 낸 밸런타인데이, 화이트데이, 블랙데이와 같은 남녀 간의 사랑을 이용한 상술은 너무 지나치다 못해 부끄럽다는 생각까지 든다. 하기야 짝퉁이 판을 치는 세상이니 뭔들 못 만들겠는가.

연세가 좀 드신 분들은 나를 보고 '빠르다'고 말한다. 나를 현재의 시점에 묶어 놓거나 과거로 돌아가기를 원한다. 박봉에 시달리는 월급쟁이나 제대 날짜만 기다리는 군인들은 나를 보고 '너무 느리다.'고 한다. 말년 병장들은 손자의 얼굴에 'X' 표시를 하면서 하루가 빨리 지나가기만을 바라고 있다. 나는 화살처럼 빠르지도 않고 시계처럼 고장도 나지 않지만, 사람들은 왜 그렇게 말이 닳은지 모르겠다.

한때는 나도 인기가 좋았다. 연말에 은행이나 각종 기업에서 만들어진 나의 형제들은 가정과 사무실의 명당자리에 당당하게 자리를 잡았고, 집안의 가장들은 나를 몇 개씩 들고 퇴근하면서 어깨를 으쓱거리던 시절도 있었다. 경기가 안 좋아지면서 세상인심이 각박해진 이유도 있겠지만 스마트폰과 컴퓨터의 일정관리 프로그램 때문에 나의 가치가 점점 줄어들고 있다. 옛날의 부귀영화를 꿈꾸는 것은 아니지만 '일년살이'에 불과한 나의 화려했던 시절을 회상하고 싶은 마음이다.

나는 세상에 두렵고 무서운 게 없다. 누구를 기다리지도 무엇을 바라지도 않는다. 그저 세상의 이치에 따라 묵묵히 하루에 한 칸만 가면 된다.

나도 나무다

날씨가 쌀쌀해지면 겨우살이 준비로 분주했다. 이듬해 춘삼월이 올 때까지 혹독한 추위를 무사히 넘기기 위해서다. 십구공탄 백여 장 들여놓고, 싸구려 배추로 김장하고, 찢어진 문풍지를 다시 바르면서 온 식구가 힘을 보탰다. 그래도 춥고 힘든 겨울이었지만 서로의 바람막이가 되어 주는 가족이 있어 마음만은 따뜻했다.

많은 동식물도 추위를 대비한다. 겨울을 안전하게 보내기 위해 월동 준비에 한치의 소홀함도 없다. 첫서리가 내릴 때쯤 활엽수는 엽록소 활동을 멈추고, 철새는 남쪽으로 날아가고, 다람쥐는 도토리를 저장한다. 반면에 아무 준비도 없이 겨울을 따뜻하게 보내는 식물이 있다. 땅에서 자라지 않고 다른 나무의 가지에 뿌리를 내려 양분을 흡수하며 살아가는 기생목, 겨우살이다.

겨우살이 군락지를 본 적이 있다. 김수로왕의 일곱 왕자가 동시에 성불했다는 '지리산 칠불사'에 가끔 간다. 해발 830m에 위치하여 섬진강 계곡이 마당이고 하늘이 지붕인 사찰이다. 바람과 구름도 잠시 숨을 돌리는 곳이다. 대웅전 뒤편에는 참나무가 하늘에서 내리박힌 기둥처럼 꼿꼿하게 서 있다. 벌거벗은 참나무 가지마다 둥지 모양으로 생긴 겨우살이가 파릇파릇하게 자라는 모습을 보고 한참 동안 입을 다물지 못했다. 살생을 금하는 안전지대라는 것을 겨우살이가 알고 있는 듯했다.

겨우살이는 '참나무겨우살이'처럼 기생하는 나무의 이름을 따서 부르기 때문에 종류가 다양하다. 그중 동백나무와 뽕나무에 의지하여 자라는 것을 각각 '백기생柏寄生'과 '상기생桑寄生'이라 부르며 매우 귀하게 여긴다. 봄이나 여름에 작고 노란 꽃을 피우는 겨우살이의 열매는 가을에 누런 녹색으로 익는다. 건강식품 애호가들은 겨우살이가 항암치료 관절염 신경통 지혈 등에 효능이 있다고 말한다. 일부 약초꾼들은 나무를 보호한다는 핑계로 겨우살이를 마구잡이로 베어낸다.

모 방송사에서 「나는 자연인이다」라는 프로그램을 매주 방영한다. 자연을 통한 힐링과 행복의 참된 의미를 보여주려는 의도로 기획된다. 중년 남성들이 좋아하는 방송이지만 아쉬운 점도 있다. 겨우살이를 비롯한 당귀 더덕 도라지 맥문동 복령 삽주 잔대 천마 하수오 등을 마치 만병통치약인 것처럼 소개한다. 그러다 보니 약초에 대한 수요가 늘어나고 가격이 오르고, 채취도 늘어난다. 조만간 금수강산에 귀한 식물들의 씨가 마르지 않을까 걱정이다.

서양에서는 겨우살이나무를 신성한 식물로 여긴다. 크리스마스 트리에 장식된 겨우살이 밑에서 좋아하는 상대방과 키스하면 연인이 되거나, 결혼하거나, 행복해진다는 설화가 있다. 우리나라에 부적을 몸에 지니고 다니는 젊은 연인들이 있는 것처럼 서양에서도 겨우살이의 민담을 믿고 따르는 젊은이들이 많다고 한다. 우리도 겨우살이는 아니더라도 당산나무 아래서 손을 잡으면 백년해로한다는 이야기를 만들면 어떨지 생각해 본다.

숲에는 키 큰 나무와 작은 나무, 건강한 나무와 늙고 병든 나무가 함께 어울리며 살아간다. 차별이 없는 평등한 공간이다. 잘났든 못났든, 날짐승이든 들짐승이든 모두 환영하고 공평하게 내어준다. 동물들에게 숲은 피난처이자 보금자리이다. 인간들은 자신들의 기준에 따라 좋은 나무와 나쁜 나무를 구분하고 있다. 나쁜 나무에 겨우살이도 포함되어 있다.

나무에 의지해 사는 생명체가 많음에도 불구하고 유독 겨우살이만 저평가받고 있다. 딱따구리가 집을 짓기 위해 나무에 구멍을 낸다고 처벌하지도 않고, 산짐승이 나무의 새순이나 뿌리를 파먹는다고 법적으로 제재하지도 않는다. 선조들은 추운 겨울을 나려고 아무 죄가 없는 나무를 자르고 베어냈다. 생계를 위해, 어린 자식들을 위해 월동용 땔감을 준비했던 우리 조상들을 욕하는 사람은 아무도 없다. 모든 생명체의 살아가는 방식은 다양하다. 다르다는 것은 틀린 게 아니라 존중해야 할 대상이다.

겨우살이가 숙주 나무에 기생하며 살지만 모든 것을 의지하지는 않는다. 스스로 엽록소를 만들고 종족 번식을 위해 최선의 노력을 다한다. 열매를 아주 끈적하게 만드는 겨우살이는 새들에게 먹이를 제공한다. 열매를 먹은 새들은 배설하면서 나뭇가지에 항문을 비벼서 씨앗과 변을 떼어내야만 한다. 가지에 안전하게 달라붙은 씨앗은 나무의 영양분을 흡수하고 햇볕을 받아 발아하면서 정상적으로 성장한다.

최소한의 활동도 하지 않고 부모의 등골만 빨아먹는 자식들이 있다. 자립할 나이가 되었는데 취직할 생각도 없이 부모에게 기대어 사는 캥거루족의 수가 늘어난다. 게다가 노후 봉양을 잘하겠다는 약속을 하고 부모의 재산을 증여받은 후, 입을 닦아 버리는 자식들도 많다. 부자지간에 시시비비를 가리기 위해 법정에 서서 '증여 취소' 재판을 하지만 부모들이 패소하는 경우가 다반사다.

경제 불황과 코로나 사태로 모두가 어려운 사정은 있겠으나 과연 그들의 삶이 겨우살이보다 당당한지 한 번쯤 생각해 볼 문제다. 자식들은 성장하면서 부모덕을 보고, 부모가 나이 들면 자식들이 보살펴주는 것이 인지상정이다. 젊은 자식들이 편하게 살겠다고 나약하고 늙은 부모를 힘들게 하는 행위는 어떤 이유로도 정당화될 수 없다.

기름진 땅이 아닌 나뭇가지를 선택한 것은 겨우살이의 운명이지만 모진 비바람과 추위를 이겨낼 만큼 생명력이 강하다. 비록 곡예사처럼 공중에 매달려 살고 있으나 어떤 나무보다 씩씩하고 용감하게, 멋지게 자라는 상록수다.

지구상에 다양한 생물이 존재한다. 동물이나 식물이 홀로 종족을 번식시키고 꽃을 피우며 살기는 거의 불가능한 일이다. 함께 어울리며 조화와 균형을 이루어야 한다. 기생과 숙주, 인간과 생물의 관계를 유불리만 따져 가치를 논할 수는 없다. 어디에서 살든 서로의 존재를 인정하고 존중할 때 모든 생명체는 공존할 수 있다.

TV 화면에 나오는 자연인이 장대 낫을 들고 참나무 끝에 달린 겨우살이를 후려친다. 겨우살이가 맥없이 떨어지면서 외치는 비명이 귓전을 때린다.

"으악! 나도 나무다."

숲으로 간 아이들

아이들이 숲으로 들어간다. 생김새와 옷차림이 서로 다른 다섯 명이 손을 잡고 나란히 걷는다. 한참 후, 깊숙한 골짜기에 다다르자 영롱한 무지개가 걸려 있는 폭포와 물안개가 새치름히 피어오르는 작은 호수가 보인다. 오염되지 않은 자연수로 얼굴과 손을 씻은 아이들은 대자연이 제공하는 맑고 깨끗한 공기를 마시며 상쾌함과 행복감을 느낀다. 호수 가장자리에 있는 편평한 바위 위에 빙 둘러앉는다.

한 아이가 일어서서 말한다.

여기 모인 우리 다섯 명 모두 열다섯 살 안팎입니다. 세상 사람들은 우리를 아직 아무것도 모르는 철부지로 취급합니다. 그렇지만 우리는 많은 것을 겪었고, 때로는 죽음의 문턱을 경험한 친구도 있습니다. 아이들이 불치병에 걸리거나 이유도 모른 채 죽어가고 있고, 더 심각한 것은 지구가 죽어가고 있습니다. 50년, 아니 30년 쯤 뒤에 인류가 지구에서 사라질지 지구가 우주에서 사라질지 모르는 일입니다. 우리의 미래를 위해 각자의 경험과 좋은 의견을 발표해 주면 좋겠습니다.

첫 번째 아이

저는 전쟁고아입니다. 회사에 다니는 아버지와 평범한 가정주부인 어머니와 함께 특별한 어려움 없이 즐겁게 살고 있었습니다. 여느 때와 다름없이 편하게 잠을 자고 있던 어느 날, 부모님은 나를 깨웠고, 간단하게 짐을 챙겨 피난길에 올랐습니다. 권력 이양을 요구하는 반정부 시위대의 쿠데타가 일어났다고 들었습니다. 낮에는 산속에 숨어 있다가 야음을 틈타 이동하던 피난민들은 누가 쏘았는지도 모르는 포탄 세례를 받고 수십 명이 희생되었습니다. 저는 부모님의 시신을 돌볼 겨를도 없이 도망을 치다가 한쪽 발목을 잃었습니다.

지금 이 순간에도 어딘가에서 전쟁이 일어나고 있습니다. 아시아의 남중국해 방글라데시 아프가니스탄, 중동의 시리아 이라크 이스라엘, 아프리카의 리비아 소말리아 에티오피아, 유럽의 보스니아 북아일랜드 코소보, 러시아에서 독립한 CIS 연합의 아제르바이잔 체첸 우크라이나, 중남미의 과테말라 엘살바도르 콜롬비아, 등 현재 세계 100여 곳에서 분쟁과 내전이 끊임없이 발생하고 있는 현실입니다.

전쟁으로 인해 선량한 사람들이 죽어가고 있습니다. 종교가 다르다는 이유로, 몇몇 사람들의 야욕으로, 특정 국가의 부를 위한 수단으로 장난처럼 전쟁을 일으키고 있습니다. 게다가 승리를 목적으로 화학 무기나 핵을 경쟁적으로 개발하면서 인류의 미래는 더욱 불투명해지고 있습니다. '국경 없는 의사회'와 적십자 단체에서 인도주의적 활동을 많이 하고 있습니다만 전쟁 방지를 위해 UN과 세계 정치지도자들이 앞장서야 합니다. 비록 우리의 힘은 미약하지만 '전쟁금지운동'에 적극적으로 참여하고, 전쟁의 참혹상과 관련된 자료를 수집하여 많은 사람에게 널리 홍보해야 한다고 생각합니다.

두 번째 아이

저는 가난한 나라에서 왔습니다. 후진국에 사는 아이들의 눈물겨운 삶에 대해 언급하겠습니다. 부자 나라 사람들은 초콜릿과 커피를 아무 생각 없이 먹고 마시며 즐깁니다. 초콜릿의 원료를 얻기 위해 열 살 안팎의 아이들은 찢어진 티셔츠를 입고 긴 칼로 카카오 열매껍질을 까고 있습니다. 커피 열매를 따기 위해 하루 10시간 이상을 땡볕에서 일해야만 합니다. 축구공 하나를 만들기 위해 밤을 새워 한땀 한땀 바느질을 하고 겨우 입에 풀칠하는 게 고작입니다.

어떤 나라에서는 초등학교도 졸업하지 않은 열두세 살 정도의 아이들이 살충제가 뿌려진 담배 농장에서 일하면서 호흡기 질환, 피부 질환, 신경 결핍, 생식 장애와 같이 장기적이고 만성적인 질

병을 호소하고 있습니다. 몇몇 아이들은 고작 1~2$에 장난감처럼 팔려가 평생을 일만 하며 살아야 하고, 일부 몰지각한 선진국 어른들의 성 노리갯감으로 희생되고 있습니다.

그들에게는 일당도, 저축도, 미래도, 희망도 없습니다. 오직 한 끼의 식사를 해결하기 위해 우리의 친구들은 노예처럼 노동력을 착취당하고 있습니다. 비록 '국제노동기구(ILO)'에서 1999년 제정한 '최악의 아동노동금지 협정'에 174개국이 서명을 했지만, 아직 2억 명이 넘는 어린이들이 위험한 일에 종사하고 있다고 합니다.

나라마다 아동 노동착취에 대한 철저한 감시가 있어야겠지만 잘 사는 나라의 대기업들이 후진국에서 원료를 수입할 때, 생산과정에 따른 적절한 노동의 대가가 지급되었는지를 관리 감독해야 하고, 소비자들은 초콜릿 하나를 사고, 커피 한 잔을 마시더라도 어느 나라에서 어떤 공정을 거쳐 제품이 생산되었는지 확인해야 합니다. 소비자들의 올바른 선택이 더 나은 세상을 만들 수 있는 사회적 실천임을 깨달을 수 있도록 우리는 노력해야 합니다.

세 번째 아이

저는 부모님과 여섯 명의 형제들이 함께 수산물을 잡거나 채취하여 생계를 유지하고 있습니다. 저의 야망은 대양을 누비는 원양어선을 타고 크고 멋진 고래를 잡아보는 것입니다. 그 고래는 우리 가정에 부와 행복을 가져다줄 희망이라고 생각했습니다. 얼마 전 낮잠을 자다가 꿈을 꾸었습니다.

거룻배를 타고 낚시를 하던 중 커다란 고래가 미끼를 덥석 물었습니다. 깜짝 놀란 나는 팽팽한 낚싯줄을 있는 힘껏 당겼습니다. 고래는 갑자기 방향을 선회하였고 낚싯대와 한 몸이 되어 사력을 다하고 있던 나는 바다에 거꾸로 박히듯이 빠졌습니다. 내가 허우적거리고 있을 때 고래가 다시 돌아와 나를 등에 태웠습니다. 고래는 아래쪽으로 계속 내려가 심해저 평원 근처를 천천히 빙빙 돌았습니다. 그때 나는 눈을 크게 뜨고 똑똑히 보았습니다. 우리가 버린 그물과 낚시 장비, 깡통과 플라스틱, 등의 각종 쓰레기가 산더미처럼 쌓여 있었습니다. 최근에 수산물의 어획량이 점점 줄어드는 이유도 알았습니다. 고래는 다시 해수면으로 올라와 나를 배 근처까지 옮겨준 후 돌아갔고 나는 잠에서 깨어났습니다.

'유엔환경계획(UNEP)'이 발표한 보고서에 따르면 바다 '쓰레기 섬'의 90%가 플라스틱이고, 2050년에는 바다의 물고기와 플라스틱 비율이 50:50이 될 거라는 예측을 하였습니다. 잘게 쪼개진 1㎜ 미만의 미세 플라스틱은 바다를 떠다니다 바다생물에게 먹히는데, 먹이사슬을 통해 음식으로 만들어져 인간의 몸속에 도달한다고 합니다. 아무 생각 없이 버린 플라스틱이 바다와 인간을 병들게 만듭니다.

빨대가 코에 꽂혀있는 거북이, 플라스틱 조각을 몸속에 품고 다니는 생선, 중금속 성분이 검출되는 해초류 등이 최근에 발견되고 있습니다. 바다가 아무리 넓고 깨끗하다고 해도 인간들이 버리는 수많은 오염물질을 다 감당할 수는 없습니다. 과학자들이 하루빨리 썩는 플라스틱을 개발했으면 좋겠지만, 나라마다 바다에 버려지는 쓰레기를 철저하게 감시해야만 합니다. 우리는 지금부터라도 플라스틱이나 캔의 사용량을 줄여나가는 일에 앞장서는 동시에 사람들이 바다의 심각성을 인식할 수 있도록 적극적인 활동이 필요합니다.

네 번째 아이

저는 태평양의 작은 섬나라, 투발루에서 왔습니다. 우리나라의 9개의 섬 중에서 가장 높은 지역은 해발 4.5M에 불과합니다. 몇 년 전, 두 개의 섬이 물속에 잠겼고 지속적인 해수면의 상승에 따라 수십 년 뒤에는 투발루가 지도상에서 영원히 사라질 전망입니다. 2013년에 국가 위기를 선포하고 전 국민이 기후난민을 선택한 상황이지만 마땅히 받아주는 나라도 없습니다. 몰디브와 키리바시, 네덜란드도 우리와 비슷한 처지에 있습니다. 해수면 상승 원인은 지구 온난화 때문이지만 우리나라에는 작은 공장 하나 없으며 이산화탄소배출량도 매우 낮은 수준입니다. 강대국들의 개발과 편리를 위해 사용한 에너지의 대가를 수천 킬로미터 떨어진 우리 국민이 치러야 합니다.

지구 온난화 문제는 2~30년 전부터 사회적 이슈로 떠올랐지만, 사람들은 그 심각성을 제대로 인식하지 못하고 있습니다. 지금도 그로 인한 피해가 지구 곳곳에서 발생하고 있습니다. 최악의 폭염으로 2003년 유럽에서는 35,000명이, 2010년 러시아에서는 1주일간 300명이 사망했습니다. 얼음의 나라 아이슬란드에서는 매년 백억 톤의 빙하가 녹아내리고 있으며 아프리카 킬리만자로의 만년설은 이미 사라진 지 오래되었고, 한때 세계에서 가장 크고 푸른 호수를 가졌던 '차드'는 이제 '아프리카의 죽은 심장'이란 이름으로 기억되고 있습니다. 수온 상승으로 물고기가 떼죽음을 당하고 어종들의 기생충 감염사례가 증가하는 추세입니다. 숲에서는 흰개미의 개체 수가 증가하고 지구의 허파라 불리는 아마존의 열대우림지역도 그 면적이 점점 감소하는 추세입니다. 최근 기후 변화로 발생한 호주 산불의 영향으로 10억 마리가 넘는 동물들이 희생되었습니다. 세계 곳곳에서 도미노처럼 일어나는 기후 재앙은 지구가 인간에게 보내는 마지막 경고일지도 모릅니다.

그 원인과 해결책은 우리 모두 잘 알고 있는 사실입니다. 석탄이나 석유 같은 화석 연료의 지속적인 사용에 따라 이산화탄소 배출이 매년 증가하면서 지구는 점점 뜨거워지고 있습니다. 공장에서 배출되는 매연과 자동차에서 나오는 배기가스의 양을 줄이고, 바람, 전기, 태양열 등을 이용한 대체 에너지를 더 많이 확보해야 합니다. 나라마다 숲을 가꾸고 각 가정의 마당이나 베란다에 나무 한 그루 더 심는 노력이 필요한 시점입니다. 과학자나 기후 전문가들이 말하는 지구 온난화에 대한 심각성은 픽션이 아니라 계속해서 우리 세대들이 겪어야 할 현실입니다. 우리의 미래를 위해 어떤 고난이나 역경도 극복해야 하고 시민들의 힘을 모아 '우리만 잘 살면 그만이다.'라고 생각하는 배타적이고 이기주의적인 지도자들의 생각을 바꾸어 놓아야만 합니다.

다섯 번째 아이

세상은 참 불공평합니다. 보시다시피 저는 흑인 여자입니다. 흑인이라고, 여자라고, 가난하다고, 저학력자라고, 아동이라고, 외국인이라고, 장애인이라는 이유로 인간으로서 당연히 누려야 할 권리를 무시당한 채 살아가고 있습니다. 누구나 알고 있는 것처럼 인권은 국가나 헌법에서 보장하는 것이 아니라 인간이기 때문에 누구에게나 공평하게 주어지는 권리, 다른 사람으로부터 침해당하지 않을 권리를 말합니다. 민주주의가 인간의 존엄성을 지키는 것이 목표라고는 하지만 아직도 우리 주변에는 인권을 침해받으며 비참하게 살아가는 사회적 약자들이 너무 많습니다.

노예나 짐승처럼 부려먹고 능력이 없으면 버려지는 흑인들, 어른들로부터 성매매와 학대를 당하는 어린아이들, 특정 성을 차별하는 '젠더사이드'의 조직적 살해 행위로 억울하게 죽어가는 여성과 성 소수자들, 공공시설의 이용 불편과 직업 선택의 어려움을 겪고 있는 장애인들, 믿음이 다르다는 이유로 폭력과 생명의 위협을 느끼는 종교인들, 무시와 편견에 시달리는 외국인 근로자와 가난하고 무지한 사람들, 등의 인권침해 사례는 우리 주변에서 어렵지 않게 볼 수 있습니다. 세상에 차별을 받기 위해 태어난 사람은 아무도 없습니다.

인권의 보호와 신장을 위해 활동하는 '국제앰네스티'에서는 세계 여러 나라의 인권과 힘이 약한 사람들의 권리가 잘 지켜지고 있는지 평가하고, 소수민족과 외국인 노동자를 보호하고 인종, 성, 언어, 종교에 의한 차별을 줄이기 위해 노력하고 있습니다. 하지만 아직 우리 사회에는 키, 외모, 능력, 성격, 출신, 문화 등의 서로 다른 차이를 인정하지 않는 분위기가 더 우세합니다. 차이는 나와 다른 것이지 틀린 것이 아니라는 사실을 모든 사람이 인식할 수 있도록 우리가 앞장서야만 됩니다. 아울러 약자들의 인권 보호를 위한 활동에도 적극적인 참여가 필요하다고 생각합니다.

세계인권선언문에 있는 내용 중 일부를 낭독하는 것으로 제 발표를 마치겠습니다.

– 우리는 태어날 때부터 자유롭고, 존엄성과 권리에서 평등하다.

– 피부색, 성별, 종교, 언어, 국적, 의견 등이 다를지라도 우리는 모두 평등하다.

– 우리는 누구나 생명을 존중받으며, 자유롭게 그리고 안전하게 살아갈 권리가 있다.

다섯 명의 아이들은 각자가 준비한 전쟁, 후진국의 아이들, 오염된 바다, 지구 온난화, 인권 문제에 대한 발표를 마치면서 서로 문서를 교환하고 서명했다.

한 아이가 일어서서 말한다.

오늘 우리의 미래, 지구의 미래를 위한 각자의 생각과 입장을 발표했습니다. 우리의 생각이 틀릴 수도 있고, 아무도 알아주지 않을 수도 있습니다. 힘과 능력도 부족합니다. 그래도 우리는 가까운 이웃부터 시작해서 주변 사람들을 설득하고 홍보하는 일을 포기하지 않고 계속해 나가야 합니다. 인류와 세계평화를 위한 우리의 노력이 큰 변화를 불러올 수도 있다는 희망을 품고 돌아가길 바랍니다. 앞으로 20년이 지난 후, 우리가 30대 중반이 되었을 때 다시 이 자리에 모여 변화된 세상의 모습을 다시 한번 토론하도록 합시다. 감사합니다.

아이들은 다시 손을 잡고 숲을 빠져나와 각자의 나라로 돌아갔다.

비단벌레

가을은 단풍의 계절이다. 많은 사람이 만산홍엽을 즐기기 위해 이름난 산으로 떠난다. 나도 그중 한 사람이지만 올해는 어디를 가볼지 고민이다. 아무리 바빠도 볼 것을 못 보고 계절을 넘기면 일 년 내내 아쉽다. 마침 강의를 듣고 있던 평생교육원의 한국사 반에서 당일 코스로 경주를 간다고 한다. 경주의 가을도 아름답다는 기억을 떠올리며 기꺼이 동참하게 되었다.

초등학교 수학여행 때부터 지금까지 열다섯 번 정도 경주를 다녀왔으나 아직 가보지 못한 곳이 많다. 이번에는 신라시대의 도성이 있었다는 '월성'지역을 방문했다. 반달 모양을 닮아 '반월성半月城'이라고도 부르는 왕궁터를 산책하듯 따라가면 천연냉장고인 '석빙고', 안압지로 불렸던 '동궁과 월지', 경주 김씨의 시조인 김알지가 태어난 '계림' 등의 유적지를 만난다. 천년 역사의 길을 따라 숲속을 걷다 보면 신라인들의 향기와 숨결이 살아 있는 듯 느껴진다.

첨성대를 향해 걸음을 옮기는 중이었다. 초록색 바탕에 지붕이 화려하게 색칠된 전기자동차가 보였다. 손님을 가득 태우고 출발 준비를 하는 그 차의 이름이 '비단벌레'라고 적혀 있다. '아! 비단벌레.' 오래전 남해안 지역을 여행하던 중에 보았던 기억이 떠올랐다. 근데, 월성지역의 유적지를 운행하는 전기자동차에 왜 벌레 이름을 붙였는지 궁금증이 생겼다. 그 의문은 관광 안내판을 보면서 이내 풀렸다.

비단벌레는 천연기념물 제496호와 멸종위기 야생생물 2급으로 지정되어 있다. 몸길이는 3~4㎝ 정도에 불과하지만, 한반도에 서식하는 곤충 가운데 빛깔이 가장 아름답다는 이유로 '비단'이라는 이름이 붙여졌다. 비단벌레 성충의 초록빛 딱지날개는 영롱한 금속성 광채를 지니고 있어 우리나라의 삼국은 물론이고, 중국과 일본에서도 공예품의 장식용으로 널리 사용되었다.

황남대총, 금관총과 같은 큰 무덤에서 발굴된 말안장 가리개, 발걸이, 허리띠 꾸미개 등의 유물에서 비단벌레 날개가 발견되었다. 특히 황남대총에서 발굴된 말안장은 수천 마리의 비단벌레 날개를 이용하여 만들었고, 천년의 시간이 흘렀음에도 본래의 색깔을 원형 그대로 간직하고 있어 역사학자들을 놀라게 했다.

이러한 기록으로 미루어 보면 월성지역 주변에 비단벌레들이 많았을 거라는 짐작이 간다. 힘든 농사일이나 장사를 마치고 집으로 돌아가던 신라인들은 달빛을 받으며 십자(十) 모양으로 비행하는 비단벌레의 아름다운 춤사위를 그냥 보고만 있지 않았을 것이다. 어떤 이는 그림을 그렸을 것이고, 몇몇은 술을 한 잔 마셨을 것이고, 누구는 연인의 손을 잡고 노래를 부르며 활개춤을 추었을 것이다. 얼마나 평온하고 즐거운 밤이었을까.

비단벌레 전기자동차를 운행하는 목적은 신라문화를 찾아온 관광객들이 월성지역을 날아다녔던 비단벌레와 신라인들의 삶을 상상할 수 있도록 하기 위해서다. 5~6세기경의 비단벌레 장식품에서 느낄 수 있는 당대의 색감을 재조명하기 위한 의미도 담겨 있다. 옛날 월성의 하늘을 날아다녔던 비단벌레는 마침내 21세기의 전기자동차로 변신하여 서라벌의 벌판을 누비고 있다.

비단벌레는 천년의 세월 동안 무덤 속에 조용히 갇혀 있으면서 무슨 생각을 했을까. 북을 치고 꽹과리를 울리며 돌아오는 개선장군의 행렬에 맞추어 함께 추었던 춤을, 삼국통일을 이룬 신라의 발전하는 모습과 신라인들의 행복한 삶을 기억했을 것이다. 신라의 다양한 전통과 융성한 문화가 비단길과 바닷길을 따라 세계로 뻗어 나가기를 바라면서, 그때 자신도 다시 비행하고 싶은 꿈을 꾸고 있는지도 모르겠다.

비단벌레가 자유롭게 날 수 있는 시간은 한여름의 열흘 정도에 불과하다. 그 짧은 삶을 위해 애벌레는 벚나무와 팽나무와 같은 오래된 활엽수림의 축축한 나무껍질 속에서 1년 이상을 보내야 한다. 짧고 화려한 비행을 즐기기 위해 오랜 고통의 시간을 참고 견뎌낸다. 그들은 주어진 어려운 환경을 극복해야만 비상의 목표를 이룰 수 있다는 것을 이미 알고 있었다.

주변에 순탄한 삶을 사는 사람은 그리 많지 않다. 밤새 눈물을 흘려야만 하는 사람들, 말할 수 없는 시련과 고통을 겪고 있는 사람들, 캄캄한 어둠 속에서 머물러 있어야 하는 사람들. 그들도 열심히 노력하면 언젠가 비단벌레처럼 밝은 세상에서 살아갈 수 있다는 희망을 품어야 한다. 현재의 불행을 미래의 행복으로 전환하기 위한 발판으로 삼았으면 좋겠다.

지나간 세월을 되돌릴 수 없듯이 소중한 문화재도 한번 훼손되면 원상복구가 거의 불가능하다. 복구가 된다 하더라도 원형에서 느낄 수 있는 멋이 없다. 비단벌레 날개는 빛에 장시간 노출되면 고유의 색깔이 변하기 때문에 관련 유물들은 국립경주박물관의 수장고에 별도로 보관하고 있다. 일반인들이 쉽게 볼 수 없으나 유물을 오래 보존하기 위해서는 어쩔 수 없다.

얼마 전, TV의 역사 관련 프로그램을 통해 비단벌레와 관련된 유물들을 보면서 아쉬운 마음을 달랠 수 있었다. 비단벌레 날개의 빛깔을 100% 그대로 보존할 수 있는 기술이 빨리 개발되어 많은 관광객이 신라 천년의 문화와 향기를 함께 느끼고 감동할 수 있기를 기대해 본다.

호랑이는 죽어서 가죽을, 비단벌레는 날개를 남겼다. 나는 무엇을 남길 수 있을까. 이름은 남기지 못하더라도 신라인들의 마음을 달래 준 비단벌레처럼 나보다 더 어렵고 힘들게 사는 사람들을 생각하고 작은 도움이라도 주면서 살 수 있으면 좋겠다.

경주의 밤하늘에 십자 모양의 별빛이 쏟아지고 있다. 비단벌레가 춤을 추며 날아다니는 듯하다.

지렁이

아침까지 내리던 비가 멈추고 화창한 날씨다. 외출하기 좋은 날, 집에만 있으면 뭔가 손해 보는 느낌이다. 동네라도 한 바퀴 돌 겸 잠시 집 밖으로 나섰다. 아직 습기가 남아 있는 아파트 화단에 지렁이 한 마리가 기어간다. 삶을 위한 몸부림이다.

동물의 종류에 따라 사람마다 호불호가 다르다. 특이하게 혐오 동물을 좋아하거나 돼지와 원숭이를 애완동물로 키우는 사람이 있는 반면에 강아지와 고양이를 무서워하는 사람도 있다. 자신이 기르는 반려동물을 다른 사람도 좋아할 거라는 생각은 편견이다. 시대 흐름과 사회 분위기에 따라 개인이 선호하는 동물의 종류는 다양하게 바뀌었으나 지렁이는 여전히 천대를 받고 있다.

속담 중에 "지렁이 갈빗대 같다." "지렁이가 용 되는 시늉한다."

"지렁이도 밟으면 꿈틀한다."는 표현이 있다. 지렁이가 연약하고 보잘것없는 미물이라는 생각으로 만들어진 격언이다. 글씨가 삐뚤빼뚤하거나 구불거리면 '지렁이 필체'라고 한다. 뱀이나 미꾸라지도 있는데 왜 하필 지렁이에 빗대었을까. 지렁이가 앞으로 기어가면서 원체 꿈틀거린다는 이유도 있겠지만 집 근처나 공터에서 맞닥뜨리면 쳐다보기도 거북스러운 벌레라는 의미도 담겨 있지 않을까 생각해 본다.

지렁이는 햇볕이 싫어 광부처럼 땅속에 살고 비가 내리면 호흡을 위해 지상으로 나온다. 살기 위해 밖으로 나왔지만 생긴 모양이 징그러워 기피 대상으로 취급받는다. 삶을 위해 거리를 헤매는 지렁이의 행군은 노숙자의 생활과 비교할 수 없을 정도로 비참하다. 그냥 외면하고 피해 가는 사람은 양반이다. 어떤 이는 침을 뱉고, 누구는 구두로 밟고 짓누르며 숨통을 끊어 놓는다. 개구쟁이들은 작대기로 찌르고 잘라서 토막을 낸다. 그야말로 파리 목숨이다.

최근에 숲에 사는 동물들이 도로로 나왔다가 집으로 돌아가지 못하고 자동차에 치여 죽는 로드킬(roadkill) 사고가 빈번하게 발생한다. 지렁이는 거리로 나왔다가 자동차가 아닌 땡볕에 고사枯死를 당하기도 한다. 갑자기 비가 그치고 뙤약볕이 사정없이 내리쪼이면 습지로 돌아가지 못한 지렁이의 몸은 하느작거리며 서서히 말라비틀어진다. 썩은 무말랭이처럼 변한 사체는 미화원의 빗자루에 쓸려 쓰레기로 처리되거나 다음 비 오는 날 빗물과 함께 하수구로 떠내려간다. 허망한 개죽음이다.

역사적으로 평화롭게 농사를 짓고 살다가 갑자기 전쟁터로 끌려가 죽은 사람이 부지기수다. 들판이나 갯가, 호수나 늪에서 아무 걱정 없이 무리 지어 살던 지렁이도 졸지에 붙들려 나와 낚싯바늘에 꿰어 물고기를 잡는 미끼로 이용된다. 지렁이는 인간의 욕심을 채우기 위한 희생양이 되어 바다의 제물로 던져지지만, 마지막이라는 두려움보다 무고한 물고기를 죽음으로 몰고 가는 저승사자 역할을 해야 한다는 현실에 안타까움과 비통함을 느끼며 온몸으로 발버둥을 친다.

지렁이는 꼬락서니와 행동거지가 흉하다는 이유로 비참한 삶을 살지만 활기차고 용감한 '용龍'의 후예다. '지렁이'란 단어는 땅에 사는 용이라는 뜻의 '디룡地龍'에 접미사 '–이'가 결합한 '디룡이'가 어원이다. 일상에서는 '토룡土龍', 한방에서는 '지룡地龍'이나 '구인蚯蚓'이라 부른다. 『동의보감』에 구인의 여러 가지 효능과 사용법에 관해 기록되어 있다고 한다.

1980년 전후는 개소주 · 뱀탕 · 용봉탕 · 굼벵이탕이 유행하던 시절이다. 대학 동기 중에 토룡탕을 판매하는 매형 집에서 기거하는 친구가 있었다. 당시 친구 매형의 사업은 번창했다. 친구랑 둘이 고주망태가 되도록 술을 마시고 함께 잠을 자기 위해 그의 매형 집으로 갔다. 친구 누나는 반갑게 맞아주면서 몸에 좋다는 토룡탕을 한 컵 가득 주었다. 그냥 보약이라 생각하며 벌컥벌컥 마시고 푹 잤다. 아침을 먹고 집으로 가려는데 누나가 커피 대신 마시라며 토룡탕을 또 건넸다. 어제는 몰랐는데 누런 탕약에서 나는 비릿한 냄새는 머릿속에 지렁이가 기어가는 느낌이 들도록 만들었다. 잠도 자고 아침 식사 대접까지 받았는데 안 마실 수가 없었다. 눈을 감고 숨을 멈춘 채 원샷을 하고는 웃으면서 "야, 생각보다 맛있네." 라고 말했다. 그때 마신 지렁이의 혼이 아직 내 몸속에 살아 있는지도 모르겠다.

이제 지렁이에 대한 인식의 전환이 필요한 시기다. '비룡소'란 출판사가 발간한 『꿈틀꿈틀 왕지렁이』란 그림동화가 6세 전후의 어린이들에게 인기가 좋다. 길이가 긴 왕지렁이는 작은 곤충들과 친구로 지낸다. 물에 빠진 딱정벌레를 구해주기도 하고 친구들의 그네와 미끄럼틀이 되어주면서 함께 어울린다. 왕지렁이가 도마뱀의 마법에 걸려 땅속의 보물을 찾아 헤맬 때는 다른 곤충들이 힘을 합쳐 곤경에서 벗어나게 해준다. 아이들은 이 그림동화를 보면서 친구의 중요성과 협동심을 배우고 환경오염 문제도 알게 된다. 무엇보다 지렁이는 친숙하고 함께해야 할 벌레라는 것을 깨닫도록 해준다. 요즘 몇몇 어린이는 지렁이를 애완동물로 키우고 있다. 우리 세대도 어릴 때 『꿈틀꿈틀 왕지렁이』라는 동화를 읽고 자랐다면 지금보다 훨씬 지렁이를 아끼고 사랑하지 않았을까 하는 아쉬운 마음이 든다.

『종의 기원』으로 잘 알려진 찰스 다윈은 수십 년간 지렁이에 관한 연구를 했고 사망하기 1년 전 「지렁이 분변토에 대한 고찰」이란 논문을 발표했다. 다윈은 그 논문에서 지렁이가 사는 땅굴은 "흙의 창자(intestine of soil)"라고 언급했다. 지렁이가 썩은 나뭇잎이나 동물의 똥, 사람이 버린 음식물 쓰레기와 같은 유기물을 먹고 배설하는 분변토糞便土는 토지를 기름지게 한다. 땅을 파고 다니는 통로는 원활한 공기 소통과 수분이 잘 스며들도록 만들기 때문에 지렁이를 '토양의 신'이라 부르기도 한다. 농부는 추운 겨울에 따뜻한 구들목에서 시간을 보내기도 하지만 지렁이는 일 년 내내 쟁기질하며 논밭을 간다. 삶 자체가 근면 성실이다.

어떤 과학자는 지렁이가 없으면 세상의 모든 식물이 멸종할지도 모른다고 주장한다. 우리가 아름다운 꽃을 보거나 맛있는 채소를 먹으며 즐거워하는 것도 지렁이 덕분이다. 더군다나 지렁이의 피부는 건조를 막는 특수한 기름 성분을 가지고 있어 촉촉함을 유지해야 하는 여성용 립스틱을 제조하는 곳에도 이용된다. 인간의 먹거리와 건강을 위해 점점 더 우리 곁으로 다가오고 있다.

세상에 필요 없이 태어난 동식물은 없다. 지렁이는 지구의 생태계에서 피식자로써 매우 긴요한 몫을 차지하고 있다. 두더지, 오소리, 고슴도치, 수달, 새와 같은 수많은 동물의 먹잇감이 되기도 한다. 게다가 시골 마당을 헤집고 다니는 닭은 단백질을 보충하기 위해 지렁이가 보이는 족족 콕콕 쪼아 먹는다. 그 닭은 언젠가 집주인의 사위가 오는 날 몸보신용으로 희생된다. 사람은 먹이사슬의 최상위 포식자보다 한 단계 위에 있다. 포식자는 피식자의 삶에 대해 눈곱만큼도 관심이 없다. 그저 배부르게 먹고 포만감을 느끼면 그만이다.

우리 사회에도 먹이사슬 구조가 존재한다. 상위 계층의 정치인, 재벌, 건물주들은 알바생, 대리기사, 택배기사, 세입자와 같은 가난한 자의 삶을 모른다. 그저 서민들을 이용해 표를 얻고, 물건을 팔고, 월세를 뜯어내면 끝이다. 서민들의 피나는 노력을 인정하고 챙겨주는 상류층을 찾아보기는 쉽지 않다.

사람과 지렁이의 공통점을 찾는다면 어딘가에 기대고 의지하려는 '주촉성走觸性'을 갖고 있다는 것이다. 지렁이가 땅이나 벽면에 바싹 달라붙어 생활하듯이 우리도 의지할 공간이 있으면 등이나 어깻죽지를 기대려고 한다. 힘들고 어려울 때 어머니의 품이 생각나듯 자신의 고통을 알아주고 등을 토닥거려 주는 누군가가 옆에 있다면 지금보다 훨씬 더 살맛 나는 세상이 되지 않을까 생각한다.

객토 작업을 하다가 지렁이가 나오면 흙으로 덮어주고, 비가 그친 후 시멘트 바닥 위에서 고통스러워하는 지렁이가 있으면 그늘이 드리워진 풀밭으로 옮겨주는 배려가 필요하다. 힘든 노동자가 있으면 다독이고 품어주는 따뜻한 고용주도 있어야 한다.

지렁이는 지금도 열심히 땅을 파고 있다.

홀로 핀 도라지꽃

농사는 힘들고 어려운 일이다. 도시에서만 자란 나에게는 더 그렇다. 농사짓는 처가에 철철이 찾아가 아무리 열심히 일해도 처남들의 성과물에 비교하면 삼분지 일도 채 안 된다. 아예 뒷바라지하는 게 마음 편하다. 시합에서 선수 못지않게 물과 수건을 챙기는 후보도 중요하다. 처가에서 더는 농사를 짓지 않으나 묵정밭에는 여전히 각종 과실수와 푸성귀가 무성하게 자라고 있다.

지난 시월이었다. 감과 대추, 오가피와 헛개나무 열매를 따고 돼지감자와 더덕을 캐기 위해 처남들과 동서 가족이 모두 모였다. 여자들이 나물을 캐는 동안 처남들이 위험한 나뭇가지에 올라가 잔가지를 털면 나는 바닥에 떨어진 열매를 주워 자루에 담았다. 자루마다 가득 담긴 과실과 들나물을 경운기에 싣고 돌아왔다. 시멘트로 된 너른 마당에서 수확물을 적당하게 분배하던 중 마당 한쪽에 홀로 핀 꽃 한 송이가 눈에 띄었다. 가까이 다가갔다.

'아니, 도라지꽃이 왜 여기에….'

거북 등처럼 갈라진 시멘트 마당 틈 사이에 잡초나 곰보배추가 자라는 모습은 여러 번 보았다. 도라지꽃이 마당에, 그것도 시멘트 바닥 틈에서 필 거라고는 생각도 상상도 해 본 적이 없다. 이 동네에서 도라지가 자라는 곳은 마을에서 1㎞ 떨어진 저수지 근처의 처가 밭이 유일하다. 어떻게 여기 주인집까지 날아와 싹을 틔웠을까. 고방 옆 기름진 채소밭도 있는데 왜 하필 시멘트 마당에 뿌리를 내렸을까. 함께할 가족이 없어 어둠이 내리면 얼마나 외로울까.

고개를 갸웃거리는 도시 남자에게 시골내기인 아내가 의문점을 풀어주었다.

"도라지꽃이 질 무렵 씨앗을 채종해야 한다. 먼저 씨방을 선별 채집하여 말린 다음, 씨방을 두드려서 씨앗을 분리하고, 볕이 잘 드는 곳에서 씨앗을 건조시켜 깨끗하고 건강해 보이는 종자만 골라 보관한다. 다음 해 3월경에 밭을 갈아 퇴비를 살포한 후, 도라지 파종을 시작한다."

홀로 핀 꽃은 마당에서 채종하던 과정에 씨가 바람에 날려 시멘트 바닥 틈새로 들어가 스스로 성장하게 된 것이다. 밭에서 날아온 게 아니라 밭으로 돌아가지 못한 꽃이다.

도라지꽃의 청정하고 고운 자태를 오래 간직하기 위해 핸드폰으로 사진을 찍었다. 약간 흥분된 기분에 손이 파르르 떨렸다. 찬찬히 움직이며 카메라의 버튼을 누르던 중 몸이 흠칫 멈추었다. 카메라 렌즈가 서서히 시들어 가는 도라지꽃과 녹색에서 연노랑으로 변해가는 이파리를 포착했다. 태어난 밭으로 돌아갈 수 없는 현실과 타향살이에 대한 서러움으로 줄기가 점점 말라간다. 고향을 등지고 객지에서 살았던 우리 가족과 같은 처지라는 생각이 들었다.

도라지 씨앗이 바람에 휩쓸려 홀로 남겨졌듯이 넉넉하게 살던 우리 가정은 아버지의 보증 문제로 외풍을 견디지 못하고 하루아침에 고립무원의 신세가 되었다. 내가 여덟 살이던 여름, 고향 충청도를 떠나 경남 마산에서 타향살이를 시작했다. 아는 사람이 아무도 없었다. 부엌 딸린 네 평 정도의 단칸 월세방에서 여섯 식구가 부대끼며 지냈다. 모두 주인집의 눈치를 보느라 쥐 죽은 듯 숨을 죽이고 살아야만 했다. 시멘트 틈에 자라는 도라지꽃도 텃밭과 화단과 마당 주변에서 자라는 식물들의 텃세를 이겨내기 위해 인내와 침묵의 시간을 보냈을 것이다.

아버지는 막노동을, 어머니는 노점상을 하고, 어린 나를 제외한 형들과 누나도 생업전선에 뛰어들었다. 의지할 곳도 없었던 우리 가족이 타향에서 어려운 시간을 견딜 수 있었던 것은 언젠가 작은 집도 사고 남부럽지 않게 살 수 있다는 작은 희망 때문이었다. 도라지도 꽃을 피우고 종족을 번식해야 한다는 목표를 달성하기 위해 눈물겨운 사투를 벌였을 것이다. 단단한 땅을 비집고 올라와 싹을 틔웠고 기나긴 장마와 폭서에도 홀로 꿋꿋하게 버텨왔다.

우리는 길고 암울한 터널을 통과했다. 가족들이 피땀 흘리며 열심히 노력한 결과 3년이 지나 전셋집을, 다시 4년 뒤에는 작은 집을 마련했다. 내가 그토록 원하던 공부방이 생기자 학교 친구들은 나의 보금자리로 자주 놀러 오곤 했다. 전심전력으로 줄기와 잎을 만든 도라지도 예쁜 보라색 꽃을 피웠다. 그리 넓지 않은 공간이지만 내년에는 도라지꽃이 핀 바로 옆 빈자리에 새로운 가족과 다른 풀꽃들도 함께했으면 좋겠다. 봄바람이 산들산들 부는 날, 벌과 나비를 초대하여 조촐한 파티라도 열면서 타향살이의 서러움을 잊을 수 있기를 바라는 마음이다.

“장모님, 이 도라지꽃을 꺾거나 낫으로 베지 마세요.”

“와, 좋나? 그래, 그 도라지가 내 강아지다. 아침에 마당에 나오면 꽃잎을 살랑살랑 흔들며 반겨주는데, 내가 어찌….”

장모님은 연세가 많아 가축이나 애완동물을 돌볼 여력이 없다. 대신 항상 같은 자리에서 웃고 있는 도라지꽃을 지난봄부터 반려꽃으로 보살피고 계셨다.

아내와 처가 형제들은 마당에 핀 도라지꽃에 특별한 의미를 부여하지 않았다. 각자의 몫을 챙겨 대문을 나섰다. 나는 아쉬운 마음에 도라지꽃을 향해 눈인사를 보냈다. 집으로 오자마자 컴퓨터의 배경화면과 카톡의 프로필 사진을 도라지꽃으로 교체했다. TV 화면에 꽃이 나오거나 꽃집 근처를 지날 때면 핸드폰에 저장된 도라지꽃을 불러내어 부모가 객지 생활하는 자식 사진을 보듯 한참을 살펴본다. 날씨가 추워지고 밤 기온이 영하까지 떨어진다. 지금쯤 도라지는 꽃과 잎을 모두 떨어트리고 마른 꽃대 하나로만 자신의 영역을 표시하고 있을 것이다.

12월 초, 처가에서 김장하는 날이 왔다. 함께 김장하러 온 동서 가족의 인사보다 도라지가 더 궁금했다. 대문을 급하게 열고 확인했다. 도라지꽃이 피었던 자리에는 연갈색으로 변한 꽃대 하나가 링거를 맞는 환자처럼 누워 있었다. 도라지를 위해 어떤 행동이나 말을 할 수 없었다. 어느 가을날 내 마음을 사로잡았던 홀로 핀 도라지꽃 한 송이는 더 강하고 튼튼해지기 위해 잠시 동안거에 들어갔다. 수행을 잘 마치고 무사히 돌아오기만을 기원한다.

도라지꽃은 여러해살이풀이다. 꽃말은 영원한 사랑이다. 도라지가 꽁꽁 얼어붙은 시멘트 바닥의 틈 속에서 새 희망을 품고 기다리듯 나는 내년 봄에 찾아올 새로운 사랑을 기다리고 있을 것이다.

가을에 핀 봄꽃

친구들이 거의 다 퇴직을 했다. 술좌석에 모이면 앞으로 무엇을 하면서 시간을 보내야 하는지 걱정한다. 3년 전에 퇴직한 친구는 그동안 수고한 자신을 위해 최소한 1년 정도는 쉬면서 여행을 다니라고 얘기한다. 그러면서 앞으로 2 · 30년을 어떻게 살 것인지 설계하라는 말을 덧붙인다. 모두가 고개를 끄덕거리지만 각자의 사정으로 실제 행동에 옮기는 친구는 거의 없다.

퇴직한 친구들의 일과는 비슷하다.

일찍 일어난 아내가 “밥 다 됐어요.”라고 말하면 식탁에 가서 앉는다. 특별한 대화 없이 아침을 먹는다. 함께 TV를 조용히 보다가 아내는 헬스클럽에 가고, 남편은 인터넷이나 게임을 하며 시간을 보낸다. 운동 다녀온 아내는 점심 밥상을 차린 뒤 외출하고, 남편은 책을 보거나 낮잠을 자다가 가까운 공원에 산책을 나선다. 저녁을 먹고 함께 TV를 보다가 각자의 잠자리에 든다.

은퇴하면 부부가 같이 있는 시간이 늘어나 화목하게 잘 지내야 하지만 실상은 신혼 때보다 더 어색하다. 남편은 갈 곳이 없어 집에만 있고, 원래 하던 대로 살고 싶은 아내는 남편의 끼니를 챙기고 수발드는 일로 스트레스를 많이 받는다. 그로 인해 '은퇴남편증후군'이라는 말이 생겨날 정도로 부부갈등은 60대가 가장 심각하다. 실제 황혼 이혼이 신혼 이혼을 앞질러 새로운 사회적 관심사로 떠오르고 있다. 이 문제를 해결하려면 남편이 집안일을 배우거나 또 다른 사회 활동을 하려는 노력이 절실하다.

교직에서 퇴직한 후, 아무 일도 하지 않고 몇 달을 쉬었다. 친구들의 등쌀에 못 이겨 내장산 단풍놀이에 동참했다. 산행도 하고 케이블카도 타면서 마지막을 불태우는 단풍의 화려한 쇼를 신나게 관람했다. 수많은 인파의 표정도 울긋불긋 물들었다. 임시로 만들어 놓은 가설무대에 각설이의 알록달록한 복장과 흥겨운 노랫가락이 행락객들의 눈과 귀를 끌어모았다. 눈에 띄는 모든 색깔이 화려했다. 관람하던 중에 인근 야산에 피어 있는 노란 꽃 몇 송이가 보였다. 궁금한 마음에 가까이 다가갔다.

'아! 개나리꽃. 이 가을에….'

나지막한 언덕에 드문드문 몇 송이 피어 있는 개나리꽃은 제철의 개화기보다 더 밝은 노란색을 띠고 있다. 흐르는 계절의 시간을 피할 수 없어 잎은 불그스레 물이 들었지만 추워지는 날씨를 이겨내야 한다는 내면의 잠재된 열정과 노력으로 예쁜 노란 꽃을 피웠을 것이다. 부드러운 꽃잎을 가볍게 만져보았다. 그 생명력이 온몸에 찌릿하게 전해온다. 가을의 메마른 들판에 한 번 더 꽃을 피운 봄꽃처럼 기나긴 우리의 인생도 두 번째 전성기를 맞이할 수 있다는 생각이 들었다.

내장산을 다녀온 이후, 편의점과 슈퍼마켓 아르바이트, 카드단말기 회사와 대형 문구점 직원으로 3년간 일했다. 그 후 가족의 먹거리를 챙기기 위해 시장과 마트에도 부지런히 다니고, 관심 분야를 더 배우기 위해 대학의 평생교육원을 열심히 들락거리고 있다. 꼭 돈이 필요해서 사회 활동을 하고 의무적으로 집안일을 해야 하는 것은 아니다. 일하지 않아도 한 가정의 아버지이고 남편이지만 좀 더 나은 인생을 즐기기 위해 눈코 뜰 새 없이 바쁘게 뭔가를 하고 싶은 마음이다.

우리의 부모세대가 먹고살기 걱정 없는 나라를 만들었다면 우리는 대한민국이 선진국으로 진입하는 초석을 다져 놓았다. 30년 넘는 세월을 물불 가리지 않고 열심히 일만 하면서 달려왔다. 덕분에 자식들은 잘 성장했고 어느 정도 여유도 생겼다. 그것으로 끝이 아니다. 새로운 30년을 위해 두 번째 불꽃을 피울 때가 왔다. 이제는 누구를 위해서가 아니다. 자신을 위해, 행복한 여생을 위해 밖으로 나가 사회 활동을 즐겨야 한다. 본인의 의지와 용기만 있다면 못할 것도 없고 두려울 것도 없다.

회사를 퇴직하면서 명함을 버렸듯이 제2의 인생을 출발하려면 자존심을 버려야 한다. 자존심만 버리면 해야 할 일과 할 수 있는 일이 너무 많다. 봉사 활동이나 재능을 기부할 수 있고, 미련이 남은 숙제가 있다면 젊은이들과 함께 공부하고, 일하고 싶으면 일손이 필요한 현장에서 알바를 하고, 농사를 짓고 싶으면 자그마한 텃밭을 가꾸면 된다. 남편의 활기찬 생활은 아내의 가슴에 꽃씨를 뿌리는 일과 같다.

나는 아내와 손잡고 맛집을 찾아다니는 친구를, 한 달이 멀다 하고 부부동반 해외여행을 다니는 친구를, 만나면 자식과 손자 손녀만 자랑하는 친구를 그다지 좋아하지 않는다. 공인중개사 자격증을 취득하기 위해 매일 도서관에 가서 공부하고 모임에 가끔 참석하여 즐겁게 한잔하는 친구를 좋아하고, 퇴직하고 곧바로 고향에 내려가 어머니와 농사를 짓는다고 바빠서 아예 코빼기도 보이지 않는 친구가 보고 싶다. 그들은 그동안 하고 싶었던 일을 하면서 인생의 두 번째 황금기를 누리고 있을 것이다.

2015년 향년 103세로 세상을 떠난 모 대학 설립자가 95세 생일날 썼다는 「어느 95세 어른의 수기」는 우리에게 시사하는 바가 크다.

"나는 65세 때 당당하게 은퇴했습니다. 95세 생일을 맞아 얼마나 후회의 눈물을 흘렸는지 모릅니다. 내 65년의 생애는 자랑스러웠지만, 곧 죽을지도 모른다는 생각으로 아무것도 하지 않았습니다. 퇴직 후 희망 없는 삶, 후퇴하고 비통한 삶을 무려 30년이나 살았습니다. 10년 후 맞이하게 될 백다섯 번째 생일날, 95세 때 왜 아무것도 시작하지 않았는가를 후회하지 않기 위해 이제 나는 어학 공부를 시작합니다."

요즘 모임에 가면 청춘은 바로 지금부터라는 '청바지'와 나라와 가정과 자신을 위해서라는 의미의 '나가자'를 건배사로 많이 외친다. 맞는 말이다. 청춘은 바로 지금부터고 자신을 위해 밖으로 나가서 새로운 일에 도전해야 한다.

지금 나의 계절은 늦가을이다. 세월이 더 가기 전에 가을 들녘에 핀 봄꽃처럼 아름다운 '청춘꽃' 한 송이 만들어 보고 겨울잠을 잘 수 있으면 좋겠다.

양희용(일섶) 수필집

두루미를 날려 보내며

인쇄 2022년 4월 20일
발행 2022년 4월 25일

지은이 양희용(일섶)
발행인 서정환
펴낸곳 수필과비평사
주 소 서울시 종로구 삼일대로 32길 36, 301호(운현신화타워 빌딩)
전 화 (02)3675-5635, (063)275-4000 팩스 (063)274-3131
이메일 essay321@hanmail.net, sina321@hanmail.net
출판등록 제300-2013-133호
인쇄·제본 신아출판사

ISBN 979-11-5933-394-1 03810

값 13,000원

Printed in KOREA

부산광역시 부산문화재단

본 사업은 2022년 부산광역시, 부산문화재단 〈부산문화예술지원사업〉으로 지원을 받았습니다.